A CONSTRUÇÃO DA MENTE

Neurociências e Espiritualidade

FICHA CATALOGRÁFICA

(Preparada na Editora)

Alves, Walter Oliveira, 1952-
A56c A Construção da Mente - Neurociências e Espiritualidade
Araras, SP, IDE, 1ª edição, 2016
216 p.
ISBN 978-85-7341-684-8
1. Educação 2. Neurociências 3. Espiritismo.
I. Título

CDD -370
-370.15
- 133.9

Índices para catálogo sistemático:
1. Educação 370
2. Neurociências 370.15
3. Espiritismo 133.9

WALTER OLIVEIRA ALVES
Orientado por equipe espiritual

A CONSTRUÇÃO DA MENTE

Neurociências e Espiritualidade

ide

ISBN 978-85-7341-684-8
1ª edição - maio/2016

Copyright © 2016,
Instituto de Difusão Espírita

Conselho Editorial:
Hércio Marcos Cintra Arantes
Doralice Scanavini Volk
Wilson Frungilo Júnior

Coordenação:
Jairo Lorenzeti

Revisão de texto:
Mariana Frungilo

Diagramação e Capa:
César França de Oliveira

Todos os direitos reservados. Nenhuma parte desta publicação pode ser reproduzida, armazenada ou transmitida, total ou parcialmente, por quaisquer métodos ou processos, sem autorização do detentor do copyright.

INSTITUTO DE DIFUSÃO ESPÍRITA
Av. Otto Barreto, 1067 - Cx. Postal 110
CEP 13600-970 Araras/SP - Brasil
Fone (19) 3543-2400
CNPJ 44.220.101/0001-43
Inscrição Estadual 182.010.405.118

www.ideeditora.com.br
editorial@ideeditora.com.br

PLANO DA OBRA

INTRODUÇÃO, 8

PRIMEIRA PARTE

1. FISIOLOGIA E PSICOLOGIA, 11
2. AS TEORIAS DA EVOLUÇÃO, 13
3. EVOLUÇÃO ESPIRITUAL, 18
4. A NATUREZA ESPIRITUAL DO HOMEM, 22
5. OS CENTROS VITAIS, 27
6. A ORIGEM DA VIDA NA TERRA, 30

SEGUNDA PARTE

7. FILOGÊNESE DO SISTEMA NERVOSO, 35
8. O SURGIMENTO DO ENCÉFALO, 43
9. EVOLUÇÃO E EDUCAÇÃO, 54
10. O DESENVOLVIMENTO DO SISTEMA NERVOSO, 56

TERCEIRA PARTE

11. O SISTEMA NERVOSO HUMANO, 63
12. O DIENCÉFALO, 67
13. O TÁLAMO, 72
14. PINEAL OU EPÍFISE NEURAL, 84
15. HIPOTÁLAMO E HIPÓFISE, 91
16. AS EMOÇÕES E O SISTEMA LÍMBICO, 99
17. FORMAÇÃO RETICULAR, 110
18. NÚCLEOS DA BASE, 113
19. TELENCÉFALO, 119
20. SISTEMA PSÍQUICO, 145
21. O PENSAMENTO, 158
22. FLUIDO CÓSMICO, 167
23. VIDA MENTAL E FÍSICA QUÂNTICA, 170

QUARTA PARTE

24. MICROANATOMIA FUNCIONAL DAS CÉLULAS, 179
25. PENSAMENTO E EDUCAÇÃO, 206

INTRODUÇÃO

A Doutrina Espírita, ao nos apresentar o homem integral, um ser Espiritual por excelência, dotado de um corpo físico e de um corpo espiritual, abre um novo caminho de pesquisas em todas as áreas do conhecimento humano, inaugurando uma nova era para a Humanidade, que amigos espirituais denominam de Era do Espírito.

Nesse Universo que se abre para a vida Espiritual, surge, pois, a neurociência que integra seus conhecimentos ao aspecto espiritual da vida, sem o que, impossível seria compreender o mecanismo integral da mente.

Esta nova era possibilita a integração dos diversos conhecimentos humanos como a Física, a Química, a Biologia, a Psicologia e mesmo a Filosofia, não como compartimentos separados e isolados, mas numa visão global onde tudo se relaciona e todas as áreas do conhecimento atuam de maneira integrada, oferecendo-nos a visão de um Universo imenso, mas totalmente integrado em seus diversos aspectos, formando um organismo único, onde tudo se relaciona de maneira fantástica e bela.

Nesse aspecto, não há como dividir ciência, filosofia e religião, pois tudo se integra num todo harmonioso, onde a vida pulula por toda parte, exuberante e bela, falando-nos de esperança, de confiança e fé em um poder universal, onde o amor é a energia que tudo motiva ao funcionamento da vida, em seu mais profundo significado.

Seja na visão exuberante das miríades de estrelas cintilando no azul profundo do espaço, seja no amor que irradia do colo materno, seja no sorriso de uma criança, no ladrar dos cães no meio da noite, na visão de pequeninos insetos mergulhados na solidão dos bosques, no ninho dos pássaros e no balouçar dos galhos das árvores ao vento que sopra, em tudo e em toda parte a vida estua em plenitude, falando-nos de harmonia, de beleza e de um amor profundo que tudo penetra e invade, causando equilíbrio e paz.

O cientista sincero, que busca a verdade, seguirá pelos caminhos da vida espiritual, isento de preconceitos acadêmicos ou religiosos. A verdade é soberana: a vida é a síntese do amor de Deus.

Iniciamos assim nossos estudos, baseando-nos nas ideias que a Doutrina Espírita nos oferece, mas com o auxílio de amigos espirituais, que nos acompanharam durante todo o trabalho.

São Espíritos ligados às áreas da Pedagogia, da Psicologia, da Biologia e da Medicina, áreas essas que convergem todas para o estudo da mente e, por conseguinte, para as neurociências.

Tomamos por base de nossas pesquisas as obras de Allan Kardec e do Espírito André Luiz, especialmente *Evolução em Dois Mundos, Mecanismos da Mediunidade, No Mundo Maior* e *Missionários da Luz*, psicografadas por Francisco Cândido Xavier, além de outras obras citadas na bibliografia.

Embora seja uma obra de pesquisa que durou vários anos, nada faríamos sem a assistência constante desses amigos espirituais que dirigiram todo o nosso trabalho.

Assim, entregamos esta obra ao leitor amigo, cujo mérito, se houver, reconhecemos ser dessa equipe Espiritual, e não nosso.

PRIMEIRA PARTE

1. FISIOLOGIA E PSICOLOGIA

Não há como separar, em nosso estágio evolutivo, a Fisiologia da Psicologia.

As estruturas nervosas, formadas pelas conexões neuronais, estabelecem as estruturas mentais e, por conseguinte, a vida psíquica.

Daí a necessidade de estudarmos o mecanismo do cérebro e de todo o sistema nervoso para compreendermos o mecanismo da mente, pois o Espírito, como ser que pensa, sente e age, utiliza-se do cérebro para se manifestar na matéria e construir suas estruturas mentais, que jamais se perdem, mas se transformam gradual e progressivamente, como veremos a seguir.

Da mesma forma que um programa de computador ou *software* pode ser conservado em um ***pen drive*** após a destruição do aparelho físico ou *hardware* e reaproveitado em outro computador, as estruturas mentais, ou seja, o "programa" mental, conservam-se após a morte do corpo físico, com a ressalva de que as estruturas mentais são indestrutíveis, embora maleáveis e de natureza progressiva.

Assim, nada se perde, e todas as experiências se tornam úteis na longa estrada da evolução, que ocorre em dois mundos: o físico e o espiritual.

A estrutura espiritual da vida psíquica se transfere, gradualmente, ao novo corpo físico, desde que compatível com o funcionamento mental do Espírito reencarnante.

Assim, pois, não é possível um indivíduo de natureza superior, como o *homo sapiens*, reencarnar num corpo de animal, pois este não daria suporte ao funcionamento da estrutura mental do Espírito.

Da mesma forma que um programa de computador muito avançado não funciona num aparelho antigo. Existe sempre um mínimo de condições para que o programa funcione.

A comparação, contudo, é pobre e apenas serve como simples analogia.

A estrutura mental é reorganizável em nível evolutivamente progressivo. Durante as experiências da vida, ocorrem constantes reorganizações das estruturas mentais, em novas combinações.

Essa capacidade de modificação das estruturas nervosas é própria, inata e inerente a todas as espécies de vida, caso contrário não haveria evolução.

Mas, para a nossa correta compreensão desse mecanismo evolutivo, optamos por começar do início, ou seja, examinar toda a genealogia, não apenas do corpo biológico, mas também da gênese espiritual, uma vez que, como veremos adiante, o processo evolutivo ocorre em dois níveis: biológico e espiritual, sendo que a mente permanece como arquivo indelével de toda a trajetória evolutiva do Espírito, indestrutível e imortal.

2. AS TEORIAS DA EVOLUÇÃO

Para compreendermos o processo de construção da própria mente, que não está no cérebro, mas dele se utiliza, necessitamos de uma visão, mesmo que geral, da filogenia, que corresponde à origem e evolução das espécies, pois a construção da mente ocorreu ao longo dos milênios da evolução.

É provável que o amigo leitor já conheça Jean Baptiste Pierre Antoine de Monet - O Cavaleiro de Lamarck, nascido em Bazentin Le Petit, na França, em 1744.

Em 1809, LAMARCK apresenta a primeira Teoria da Evolução, afirmando que existiam duas forças evolucionárias: a primeira, uma tendência à progressão, e a segunda, uma necessidade dos organismos de se adaptarem ao ambiente, o que resultaria em mudanças físicas. O ambiente condiciona a evolução, levando ao aparecimento de características que permitem aos indivíduos se adaptarem às condições de onde vivem.

A adaptação representa, então, a faculdade que os seres vivos possuem de desenvolver características estruturais e funcionais que lhes permitem sobreviver em determinado ambiente.

Lamarck postulava a existência de um processo teleológico (orientado para um fim), como Aristóteles, em que os organismos se tornam mais perfeitos à medida que evoluem. O aperfeiçoamento adquirido deste modo é preservado, pela reprodução, para os indivíduos que se sucedem.

É provável, amigo leitor, que você já tenha lido que a teoria de Lamarck "caiu por terra" e não tem grande validade nos dias de hoje. No entanto, temos motivos para crer que Lamarck estava certo em diversos aspectos de sua teoria. É o que veremos a seguir.

CHARLES DARWIN, naturalista britânico, bastante conhecido de todos, em 1859 publicou *A Origem das Espécies* (sobre a origem das espécies através da seleção natural ou a preservação de raças favorecidas na luta pela vida), na qual apresentou uma quantidade imensa de provas a favor da evolução e propôs a teoria de que os organismos vivos evoluem gradualmente através da seleção natural.

ALFRED RUSSEL WALLACE, assim como Darwin, utilizou de extensa informação advinda de suas coletas de material biológico de diferentes regiões. Os dois, independentemente, descobriram os princípios de especiação geográfica e seleção natural.

Wallace publicou um manuscrito, *On the Tendency of Varieties to Depart Indefinitely from the Original Type*, e, embora não tenha usado o termo "seleção natural", argumentou a mesma coisa.

Em 1º de julho de 1858, foi feita uma apresentação conjunta da Teoria Evolutiva, na Sociedade Lineana de Londres, de um artigo com as ideias de Darwin e Wallace.

Interessante é que, quando, em 1859, foi publicado *A Origem das Espécies,* muitos evolucionistas em todo o mundo aceitavam as teorias:

- Ortogênese (evolução direcional), que considerava dois aspectos: a existência de uma força filética (intrínseca aos organismos) que guiava a evolução, e um segundo aspecto, que afirmava que a ortogênese era produzida e controlada diretamente por fatores externos (clima, alimentos disponíveis, etc.).

- Herança de caracteres adquiridos, ideia muito antiga, admitida tanto por Lamarck como por Darwin.

Havia ainda a teoria da evolução saltacional, que considerava que as espécies poderiam surgir de repente e não através do acúmulo lento e gradual de pequenas modificações, como supunha Darwin.

Entre 1850 e 1865, Gregor Johann Mendel (1822-1884) realizou a maior parte de suas experiências, completando os trabalhos de Lamarck e Darwin sobre a evolução e a seleção das espécies. Também as leis da hereditariedade, da moderna ciência da genética, estão baseadas nas experiências de Mendel. Contudo, durante muito tempo, seu trabalho permaneceu ignorado.

Após as ideias de Mendel, Thomas Hunt Morgan (1866-1945) conseguiu relacionar a ideia de gene com a ideia de cromossomo, afirmando que o gene "mora" no cromossomo durante a divisão celular.

Watson e Crick, na década de 1950, descreveram a estrutura em dupla hélice do DNA, que nos permite compreender a replicação, a síntese de RNA e o fenômeno da mutação.

As pequenas unidades, os genes, situam-se nos cromossomos e são formados pelo DNA ou ADN[1], que se divide em cópias perfeitas, transmitindo fielmente as informações genéticas.

Os cientistas concluíram que a informação genética flui em uma única direção: do DNA para o RNA, ou seja, para fora do núcleo e, assim sendo, os caracteres adquiridos não são hereditários.

As mudanças ocorridas com o indivíduo durante sua

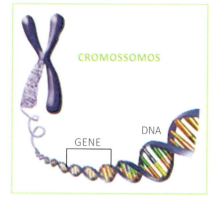

---

1 ADN e DNA correspondem à mesma coisa. ADN em português (Ácido Desoxirribonucleico) e DNA em inglês (DeoxyriboNucleic Acid).

vida, por influência do meio, não são transmitidas aos seus descendentes através dos genes. Em linguagem biológica, diz-se que o fenótipo não altera o genótipo.

Muitos estudiosos acreditam que ocasionalmente ocorre um "erro" durante a divisão do DNA, alterando determinadas características genéticas. Desses erros ocorrem as chamadas, por alguns autores, "mutações aleatórias".[2]

Quando essas mutações são úteis e favorecem a sobrevivência da espécie, os seres se adaptam ao meio, e os descendentes, herdando os caracteres, continuam na luta evolutiva. Os menos aptos não sobrevivem e, portanto, não deixam descendentes, e, pouco a pouco, a espécie desaparece. Do aumento cumulativo das menores modificações úteis, no acúmulo lento de muitos pequenos passos, surgem as grandes modificações.

Dessa forma, alguns cientistas procuram explicar a transformação das espécies e o aparecimento de novas espécies.

A própria raça humana teria surgido de uma mutação aleatória, ou seja, de um "erro" de divisão na molécula de DNA, o que, com certeza, não corresponde à verdade, como veremos a seguir, concluindo que tudo no Universo tem uma causa.

Com o advento da Doutrina Espírita, que nos esclarece que o acaso não existe, o panorama dos estudos evolucionistas toma rumo diferente, mostrando o caminho que a ciência não conseguiu vislumbrar: o aspecto espiritual da vida e a influência da mente nos fenômenos biológicos.

---

2 As mutações são consideradas, por muitos pesquisadores, como erro no processo de duplicação do DNA, existindo certos fatores do ambiente que podem elevar a taxa de incidência de erros genéticos, tais como os raios X, substâncias presentes no fumo, a luz ultravioleta, dentre outros.

3. EVOLUÇÃO ESPIRITUAL

A Doutrina Espírita nos aponta um caminho que a ciência não podia ver, por faltar a chave da vida espiritual e da reencarnação.

Existe, pois, um caminho para que o esforço evolutivo não se perca: o caminho espiritual.

O esforço progressivo do Espírito jamais se perde, permanecendo como patrimônio indelével dele mesmo. Ao desencarnar, o Espírito leva consigo todo o seu patrimônio espiritual, arquivado no perispírito, ou, para ser mais específico, no corpo mental, como veremos adiante. Todas as conquistas permanecem em nível espiritual, desde a crisálida da consciência nos reinos inferiores até o Espírito propriamente dito, na escala humana que prossegue a caminho da perfeição.

No Mundo Espiritual, continuará sua escalada evolutiva sob a assistência dos benfeitores espirituais.

A evolução ocorre em dois mundos: físico e espiritual.

Ao renascer, plasmará no novo corpo essas conquistas, através do perispírito, que oferece moldes cada vez mais aperfeiçoados, como nos revela André Luiz:

"(...) Nesse domínio, o princípio inteligente, servindo-se da herança, e por intermédio das experiências infinitamente recapi-

tuladas, habilita-se à diferenciação nos flagelados, ascendendo progressivamente à diferenciação maior na escala animal, onde o corpo espiritual, à feição de protoforma humana, já oferece moldes mais complexos, diante das reações do sistema nervoso, eleito para sede dos instintos superiores, com a faculdade de arquivar reflexos condicionados." (*Evolução em Dois Mundos*, Espírito André Luiz, Francisco C. Xavier, cap. VII).

"(...) No ato da fecundação, reúnem-se os pronúcleos masculino e feminino, mesclando as unidades cromossômicas paternas e maternas, a fim de que o organismo, obedecendo à repetição da lei da hereditariedade, desenvolva-se dentro dos caracteres genéticos de que descende; mas agora, no reino humano, o Espírito, entregue ao comando da própria vontade, determina, com a simples presença ou influência, no campo materno, os mais complexos fenômenos endomitóticos no interior do ovo, edificando as bases de seu próprio destino, no estágio da existência cujo início o berço assinala." (Idem, cap. VII).

O Espírito André Luiz nos revela também a maneira como o plano extrafísico influencia, constantemente, o progresso dos seres encarnados.

A Terra nos parece uma grande escola, sob a atuação e supervisão constante das inteligências superiores. Daí a importância da educação, pois a mente do homem pode traçar profundas renovações no corpo espiritual, que se refletirá no corpo físico.

"É pelo fluido mental, com qualidades magnéticas de indução, que o progresso se faz notavelmente acelerado. Pela troca dos pensamentos de cultura e beleza, em dinâmica expansão, os grandes princípios da Religião e da Ciência, da Virtude e da Educação, da Indústria e da Arte descem das Esferas Sublimes e impressionam a

mente do homem, traçando-lhe profunda renovação ao corpo espiritual, a refletir-se no veículo físico que, gradativamente, acomoda-se a novos hábitos." (Idem, cap. XIII).

Ainda na obra *Evolução em Dois Mundos*, André Luiz relata como a mente elabora a formação de novo corpo carnal: *"Assimilando recursos orgânicos com o auxílio da célula feminina, fecundada e fundamentalmente marcada pelo gene paterno, a mente elabora, por si mesma, novo veículo fisiopsicossomático, atraindo para os seus moldes ocultos as células físicas a se reproduzirem por cariocinese, de conformidade com a orientação que lhes é imposta, isto é, refletindo as condições em que ela, a mente desencarnada, encontra-se. Plasma-se-lhe, desse modo, com a nova forma carnal, novo veículo ao Espírito..."*.

Compreendemos assim que, além da herança paterna e materna e do molde perispiritual preexistente, outros fatores interferem na nova constituição física do Espírito reencarnante.

Além da obra citada *Evolução em Dois Mundos*, sugerimos a leitura de *Missionários da Luz*, do mesmo autor, capítulo 13, que trata de um processo de reencarnação. Citamos apenas um pequeno trecho da obra: *"A forma física futura de nosso amigo Segismundo dependerá dos cromossomos paternos e maternos; adicione, porém, a esse fator primordial, a influência dos moldes mentais de Raquel (a mãe), a atuação do próprio interessado, o concurso dos Espíritos Construtores, que agirão como funcionários da natureza divina..."*.

Não ocorre, pois, um erro de divisão do DNA, nem existem mutações aleatórias. Deus não comete erros e o acaso não existe.

Tudo está dentro das Leis de Causa e Efeito. O que parece um erro de divisão do DNA advém do próprio Espírito reencarnante, que, através do perispírito, oferece moldes cada vez mais aperfeiço-ados, imprimindo no novo corpo as suas conquistas, deixando-as impressas nas moléculas do DNA. A vida responde ao esforço próprio do Espírito, que conserva todo o patrimônio conquistado. O menos apto não se extingue, mas vem a se tornar apto, aprendendo e evoluindo através das múltiplas reencarnações.

A Doutrina Espírita amplia o conceito de evolução ao nível espiritual, reconhecendo o princípio inteligente além do corpo biológico, demonstrando que a evolução ocorre em dois mundos. Da mesma forma, a interação do indivíduo com o meio ocorre nos planos físico e espiritual.

Podemos assim falar claramente em **evolução fisiopsicossomática** (corpo físico e corpo espiritual).

O processo evolutivo, tendendo sempre a um estado superior, a um aperfeiçoamento gradual e constante, confirma as ideias de Aristóteles e Lamarck neste aspecto.

Da mesma forma, iremos concluir que o DNA não é o fator determinante ou decisivo de forma absoluta, nem mesmo no aspecto físico ou biológico, pois o Espírito, através da vibração mental, exerce tremenda influência no DNA e, por conseguinte, na produção de proteínas, e, portanto, em todo o organismo, estando na origem ou causa da maioria das enfermidades.

Dentro dessas ideias, vamos rever os principais conceitos da Doutrina Espírita para compreendermos a verdadeira natureza do homem, bem como a gênese do Sistema Nervoso, compreendendo, enfim, que, além da gênese orgânica, existe também uma gênese espiritual.

4. A NATUREZA ESPIRITUAL DO HOMEM

Na questão 27, de *O Livro dos Espíritos*, temos que existem dois elementos gerais do Universo: a matéria e o Espírito e, acima de tudo, Deus.

Mas ao elemento material é preciso juntar o fluido universal, que desempenha papel intermediário entre o Espírito e a matéria mais densa.

Até hoje, a Ciência só estudou um dos elementos, a matéria, faltando estudar o segundo, o Espírito, a essência da vida - a outra face da verdade.

Existe, pois, além da matéria fartamente observada pela ciência, um princípio inteligente, que sobrevive à destruição física.

Na matéria orgânica, existe um fluido especial que a distingue da matéria inorgânica, chamado de princípio vital, já detectado pelos vitalistas, Samuel Hahnemann (energia vital), Franz Anton Mesmer (magnetismo animal), Rudolf Steiner (força formativa), Henri Bergson (*élan* vital), também conhecido por prana pela Medicina Ayurvédica, e, pela Medicina Tradicional, Hindu, e, por chi (ch´i), na China.

A teoria vitalista não foi aceita pelos meios acadêmicos durante muito tempo. O trabalho de Mesmer provocou um alvoroço em Paris, onde foi reverenciado por muitos e perseguido por outros, principalmente por colegas médicos, que o chamavam de charlatão e embusteiro.

Hoje, contudo, a teoria vitalista é aceita por muitos. A Homeopatia de Hahnemann foi aceita oficialmente em vários países, e a Medicina Oriental chama a atenção de estudiosos sinceros do ocidente para a realidade do princípio vital.

O HOMEM INTEGRAL

Assim, seguindo a linha de estudos da Doutrina Espírita, o homem, como Espírito encarnado, possui uma natureza tríplice:

É, em essência, um Espírito que possui um corpo físico animado pelo princípio vital e, como ligação, possui o perispírito, de natureza semimaterial, conforme cita Allan Kardec:

"O homem é formado, assim, de três partes essenciais:

1º - O corpo ou ser material, análogo ao dos animais e animado pelo princípio vital;

2º - A alma, Espírito encarnado, do qual o corpo é habitação;

3º - O princípio intermediário ou perispírito, substância semimaterial que serve de primeiro envoltório ao Espírito e une a alma ao corpo." (*O Livro dos Espíritos* - Allan Kardec, questão 135).

Não é nossa intenção fazer um estudo sobre o perispírito, o que já foi fartamente estudado por diversos autores.

Lembramos, contudo, para evitar diferentes interpretações, de que, na definição acima citada, o perispírito corresponde ao envoltório do Espírito, o que une a alma ao corpo.

O termo perispírito, criado por Allan Kardec, corresponde a tudo que está entre a alma e o corpo físico. É, portanto, um termo mais abrangente do que um corpo único, pois representa as diversas camadas existentes entre o Espírito propriamente dito e o corpo físico.

Da mesma forma, o termo alma, segundo Kardec, corresponde ao próprio Espírito, quando encarnado. Portanto, alma e Espírito designam a mesma coisa, ou seja, o Espírito, quando encarnado, pode ser designado por alma. (*O Livro dos Espíritos*, questão 134)[3]

O CORPO MENTAL

Doutrinas orientais e esotéricas, que remontam ao Egito antigo, à Índia e à Grécia, como a Teosofia, falam-nos de diversos corpos de natureza fluídica.

Embora o grande respeito que temos por tão valorosos estudiosos, ficaremos com Kardec e as obras espíritas que seguem o mesmo caminho.

André Luiz, em *Evolução em Dois Mundos*, completando Kardec, fala-nos da existência do corpo mental que preside a formação do corpo espiritual.

"Para definirmos, de alguma sorte, o corpo espiritual, é preciso considerar, antes de tudo, que ele não é reflexo do corpo físico, porque, na realidade, é o corpo físico que o reflete, tanto quanto

---

3 O vocábulo *espírito* (com **e** minúsculo) designa o princípio inteligente universal. (*O Livro dos Espíritos*, questão 23). O vocábulo *Espírito* (com **e** maiúsculo) designa as individualidades dos seres extracorpóreos, e não mais o elemento inteligente universal (*O Livro dos Espíritos*, questão 76).

ele próprio, o corpo espiritual, retrata em si o corpo mental, que lhe preside a formação."

O corpo mental, segundo André Luiz, é o envoltório sutil da mente.

O Espírito pode revestir seu perispírito de matéria mais grosseira, pode "perder" completamente a forma, como no caso dos ovoides, citados por André Luiz, ou se desfazer dele, rumo a esferas mais elevadas (André Luiz, *Libertação*, cap. VI). Mas o que se "perde" ou se "desfaz" é apenas a parte mais grosseira do perispírito, que André Luiz chama de corpo espiritual.

Quanto ao corpo mental é imperecível e inseparável do Espírito. Aí se encontra todo o registro filogenético dos milênios evolutivos.

É o corpo mental que "preside", na linguagem de André Luiz, a formação do corpo espiritual.

A linguagem humana nem sempre corresponde, com exatidão, aos fatos em si, razão por que surgem divergências de opiniões e diferentes interpretações.

Contudo, está claro que é o Espírito quem pensa, sente e age, pela própria vontade, construindo assim a mente, reflexo imediato de si mesmo. A mente, pois, é construída pelo Espírito, estrutura a estrutura, através do Sistema Nervoso, cuja origem remonta aos primeiros seres vivos. "A cada um segundo as suas obras".

O registro permanece indelével, gravado no corpo mental. Não se perde jamais, mas se modifica, aperfeiçoa-se.

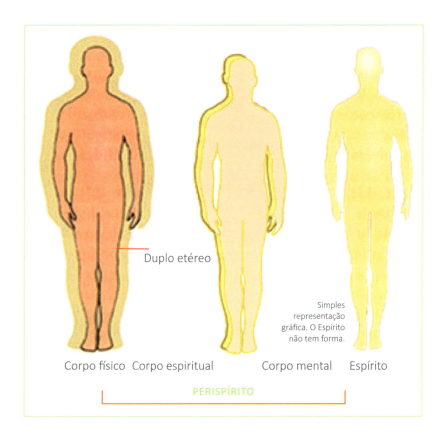

Segundo Allan Kardec, perispírito é o que une o Espírito ao corpo, ou seja, tudo que está entre o Espírito e o corpo físico. Trata-se, pois, de um termo amplo, que engloba o chamado corpo espiritual e corpo mental, citado por André Luiz, como já vimos.

O corpo espiritual também é chamado de "psicossoma" pelos Espíritos (Do grego: psyké, alma, e soma, corpo).

O "duplo etéreo" é formado por emanações neuropsíquicas que pertencem ao campo fisiológico, destinado à desintegração por ocasião da morte física. (*Nos Domínios da Mediunidade,* André Luiz, Francisco C. Xavier).

5. OS CENTROS VITAIS

André Luiz nos informa também que *"nosso corpo de matéria rarefeita está intimamente regido por sete centros de força, que se conjugam nas ramificações dos plexos..."* (*Entre a Terra e o Céu*, Espírito André Luiz, Francisco C. Xavier).

Esclarece que o **centro coronário**, instalado na região central do cérebro, sede da mente, é o mais significativo em razão do seu alto potencial de radiação, de vez que nele assenta a ligação com a mente, fulgurante sede da consciência. Recebe os estímulos do Espírito, comandando os demais centros vitais.

Dele emanam as energias de sustentação do sistema nervoso e suas subdivisões, sendo o responsável pela alimentação das células do pensamento e o provedor de todos os recursos eletromagnéticos indispensáveis à estabilidade orgânica. É, por isso, o grande assimilador das energias solares e dos raios da Espiritualidade Superior capazes de favorecer a sublimação da alma.

O **centro cerebral**, contíguo ao centro coronário, administra o sistema nervoso em toda a sua organização, ordena as percepções de variada espécie, percepções essas que, na vestimenta carnal, constituem a visão, a audição, o tato e a vasta rede de processos da inteligência. É no centro cerebral que possuímos o comando do núcleo endocrínico, referente aos poderes psíquicos.

Em seguida, temos o **centro laríngeo**, que preside aos fenômenos vocais, controlando a respiração e as atividades do timo, da tireoide e das paratireoides.

Logo após, identificamos o **centro cardíaco**, que sustenta os serviços da emoção e do equilíbrio geral, dirigindo a circulação das forças de base, na linguagem do Espírito André Luiz.

Em seguida, assinalamos o **centro esplênico** que, no corpo denso, está sediado no baço, regulando a distribuição e a circulação adequada dos recursos vitais em todos os escaninhos do veículo de que nos servimos, determinando todas as atividades em que se exprime o sistema hemático, dentro das variações de meio e volume sanguíneo.

Continuando, identificamos o **centro gástrico**, que se responsabiliza pela penetração de alimentos e fluidos em nossa organização.

Por fim, temos o **centro genésico**, em que se localiza o santuário do sexo, como templo modelador de formas e estímulos, guiando a modelagem de novas formas entre os homens ou o estabelecimento de estímulos criadores, com vistas ao trabalho, à associação e à realização entre as almas.[1]

---

1 Baseado nas obras: *Entre a Terra e o Céu* e *Evolução em Dois Mundos* -Espírito André Luiz- Francisco Cândido Xavier- Ed. FEB.

OS CENTROS VITAIS - ESQUEMA

CORONÁRIO: Sede da mente, assimila os estímulos do plano espiritual. Ponto de interação entre o Espírito e o corpo físico, supervisiona os demais centros que lhe obedecem aos impulsos. Localiza-se no diencéfalo, na região do tálamo e da epífise neural.

CEREBRAL: Administra todo o sistema nervoso, desde os neurônios sensitivos até as células efetoras, governando o córtex encefálico e todo o sistema endócrino, referente aos poderes psíquicos. Relaciona-se com o hipotálamo e com a hipófise.

LARÍNGEO: Controla a respiração e a fonação, as atividades das glândulas do timo, tireoide e paratireoide.

CARDÍACO: Controla a circulação e a emotividade. Situa-se na região do coração.

ESPLÊNICO: Controla as atividades do sistema hemático, variações do meio e volume sanguíneo. Situa-se na região do baço.

GÁSTRICO: Responsável pela digestão e absorção dos alimentos.

GENÉSICO: Estímulos criadores, com vistas ao trabalho, associação e realização entre as almas. Guia a modelagem de novas formas entre os homens.

Consulte o ***Atlas de Neuroanatomia***, mesmo autor e editora. Livro eletrônico gratuito.

6. A ORIGEM DA VIDA NA TERRA

A partir das obras de Allan Kardec, do Espírito André Luiz e de outros, novas ideias surgiram, demonstrando a realidade espiritual da vida, abrindo a cortina de um mundo quase desconhecido.

Demonstra que a vida existe exuberante por todo o Universo, desmontando a ideia de que somente a Terra teria sido contemplada com o maravilhoso fenômeno da vida.

Demonstra também que todo o Universo é regido por leis sábias e que o "acaso" não existe. Confirmando a causalidade, demonstra as leis de ação e reação em todos os níveis de vida.

De maneira maravilhosa e profundamente bela, aumenta, ao infinito, nosso conceito de vida, ao afirmar a existência, em todos os seres, de um princípio inteligente, imortal e dotado de um germe que detém, em latência, qualidades superiores passíveis de aperfeiçoamento.

Podemos, assim, compreender, de maneira mais profunda, o que é vida e como ela surgiu em nosso Planeta.

Assim é que o Espírito André Luiz, na obra *Evolução em Dois Mundos*, fala-nos sobre os primeiros tempos do orbe terrestre e o início da vida no planeta:

"A imensa fornalha atômica estava habilitada a receber as sementes da vida e, sob o impulso dos Gênios Construtores, que operavam no orbe nascituro, vemos o seio da Terra recoberto de mares mornos, invadido por gigantesca massa viscosa a espraiar-se no colo da paisagem primitiva.

Dessa geleia cósmica, verte o princípio inteligente, em suas primeiras manifestações...

Trabalhadas, no transcurso de milênios, pelos operários espirituais que lhes magnetizam os valores, permutando-os entre si, sob a ação do calor interno e do frio exterior, as mônadas celestes exprimem-se no mundo através da rede filamentosa do protoplasma de que se lhes derivaria a existência organizada no Globo constituído.

Séculos de atividade silenciosa perpassam, sucessivos..."

A Ciência percebeu que os mares primitivos se tornaram verdadeiros caldos orgânicos, que deram origem aos primeiros seres.

André Luiz, contudo, revela-nos que essa massa viscosa ou geleia cósmica continha o princípio inteligente em suas primeiras manifestações. O elemento espiritual que a Ciência não constatou já existia, pois, nos primeiros seres unicelulares e em todas as espécies que evoluíram através dos milênios.

Na mesma obra, André Luiz nos faz revelações surpreendentes:

"Compreendendo-se, porém, que o princípio divino aportou na Terra, emanando da Esfera Espiritual, trazendo em seu mecanismo o arquétipo a que se destina, qual bolota de carvalho encerrando em si a árvore veneranda que será de futuro, não podemos circunscrever-lhe a experiência ao plano físico simplesmente considerando, porquanto, através do nascimento e morte da forma, sofre constantes modificações nos dois planos em que se manifesta,

razão pela qual variados elos da evolução fogem à pesquisa dos naturalistas, por representarem estágios da consciência fragmentária fora do campo carnal propriamente dito, nas regiões extrafísicas, em que essa mesma consciência incompleta prossegue elaborando o seu veículo sutil, então classificado como protoforma humana, correspondente ao grau evolutivo em que se encontra."

Percebemos, no texto acima, que o princípio espiritual já possuía em si mesmo o arquétipo a que se destinava, ou seja, o germe de suas qualidades futuras, que através de um processo evolutivo permitiria o desenvolvimento gradual e constante dessas qualidades que já possui em estado latente, como a semente já possui, em estado germinal, todas as qualidades da árvore adulta.

Recordando Kardec, na questão 776, de *O Livro dos Espíritos*, temos: *"O homem sendo perfectível, e carregando em si o germe de seu aperfeiçoamento..."*.

Na questão 754, temos: *"Todas as faculdades existem no homem, em estado rudimentar ou latente. Elas se desenvolvem conforme as circunstâncias lhes são mais ou menos favoráveis."*

No processo evolutivo, através do tempo, o princípio espiritual, através das múltiplas experiências, constrói o próprio organismo físico, segundo o molde mental e com o auxílio dos trabalhadores espirituais.

Percebemos, pois, que a mente é a base da formação do próprio organismo fisiológico. À medida que a mente desenvolve o seu potencial interior, ela necessita de aparelhagem física cada vez mais aprimorada.

Morre o corpo físico, mas a mente permanece em sua estrutura eletromagnética no corpo espiritual ou, mais especificamente, no chamado corpo mental. Jamais é destruída, e jamais perde as qualidades adquiridas, mas se modifica constantemente no sentido progressivo, pois traz, em si mesma, o germe das qualidades superiores.

"É assim que, dos organismos monocelulares aos organismos complexos, em que a inteligência disciplina as células, colocando-as a seu serviço, o ser viaja no rumo da elevada destinação que lhe foi traçada do Plano Superior, tecendo, com os fios da experiência, a túnica da própria exteriorização, segundo o molde mental que traz consigo, dentro das leis de ação, reação e renovação em que mecaniza as próprias aquisições, desde o estímulo nervoso à defensiva imunológica, construindo o centro coronário, no próprio cérebro, através da reflexão automática de sensações e impressões, em milhões e milhões de anos, pelo qual, com o auxílio das Potências Sublimes que lhe orientam a marcha, configura os demais centros energéticos do mundo íntimo, fixando-os na tessitura da própria alma." (*Evolução em Dois Mundos*, Espírito André Luiz, Francisco C. Xavier).

SEGUNDA PARTE

"Deus criou todos os Espíritos simples e ignorantes, isto é, sem ciência.
(O Livro dos Espíritos, questão 115).

7. FILOGÊNESE DO SISTEMA NERVOSO

Os oceanos primitivos, nos primeiros tempos do surgimento da vida, estavam repletos de protoplasma a espalhar-se por toda parte.

O protoplasma corresponde à substância fundamental da célula, a base para o início da vida, ou ainda, o germe da vida.

Segundo o Espírito André Luiz (*Evolução em Dois Mundos*), essa massa viscosa ou geleia cósmica contém o **princípio inteligente** em suas primeiras manifestações.

Todos os seres vivos, em todas as épocas, necessitam se ajustar ao meio ambiente para sobreviver.

Dentre as propriedades do protoplasma, três são especialmente importantes para o surgimento e a manutenção da vida:

1. Sensibilidade ou irritabilidade – propriedade de ser sensível a um estímulo.

2. Condutibilidade – capacidade de conduzir o estímulo através do protoplasma, determinando uma resposta em outra parte de uma célula.

3. Contratilidade – capacidade de fugir de um estímulo nocivo através de um encurtamento da célula.

SERES UNICELULARES

Quando parte do protoplasma adquire uma membrana plasmática, protetora e reguladora da entrada e saída de substância, surge a identidade celular, com o meio interno diferente do meio externo.

Um organismo unicelular como a ameba apresenta todas as propriedades do protoplasma, inclusive as três citadas acima: sensibilidade, condutibilidade e contratilidade.

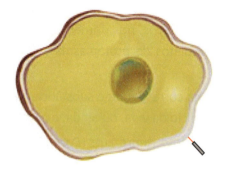

Quando tocamos uma ameba com uma microagulha, observamos que ela se afasta. Ela é sensível ao toque e conduz a informação a outra parte da célula, provocando uma retração.

Contudo, a ameba, tendo todas as propriedades do protoplasma, não se especializou em nenhuma.

OS PRIMEIROS NEURÔNIOS

Com o desenrolar do processo evolutivo, foram surgindo seres mais complexos, nos quais existiam células situadas na superfície, que se especializaram na sensibilidade e na condutibilidade, e outras, que se especializaram na contração.

Com o tempo, as células musculares primitivas, especializadas na contração, passaram a ocupar posição mais profunda no organismo. Células da superfície foram se especializando cada vez mais em receber os estímulos do meio ambiente, transmitindo-os às células musculares mais profundas.

Essas células especializadas foram os primeiros neurônios.

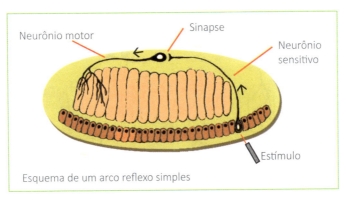

Esquema de um arco reflexo simples

Na extremidade dessas células, situadas na superfície, surgiram formações especiais denominadas de receptores.

Os neurônios localizados na superfície, especializados em receber estímulos, foram chamados de neurônios sensitivos ou aferentes.

Os neurônios que recebem os impulsos e os levam até o músculo, com a mensagem de contração, foram chamados neurônios motores ou eferentes.

A conexão do neurônio sensitivo com o neurônio motor ocorre através de uma sinapse.

Temos assim o exemplo de um arco reflexo simples, num ser simples: um neurônio sensitivo (aferente) com seu receptor, um local onde ocorre a sinapse (centro nervoso), e um neurônio motor (eferente) que se liga aos músculos.

No entanto, uma simples minhoca é um animal segmentado e, para evitar um estímulo nocivo, pode ser necessário que a resposta ocorra em outros segmentos. Surge assim outro tipo de neurônio, chamado neurônio de associação.

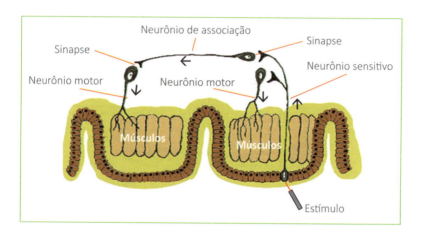

Temos assim um arco reflexo que envolve três tipos de neurônios: sensitivo, motor e de associação. (No exemplo de um anelídeo, animal que possui o corpo segmentado, cilíndrico dividido em anéis, como a minhoca).

EVOLUÇÃO DOS NEURÔNIOS

Todos os neurônios do sistema nervoso do homem podem ser classificados, em última análise, em neurônio sensitivo ou aferente, neurônio motor ou eferente, e neurônio de associação.

Essas células primitivas tinham a função de receber estímulos e provocar uma resposta.

Durante a filogênese, os três neurônios sofreram muitas modificações e importantes especializações, como veremos.

É claro que todo o processo evolutivo ocorreu simultaneamente em todo o sistema nervoso. O estudo da evolução dos neurônios separadamente tem apenas um valor didático. O sistema nervoso é um todo indivisível.

Não percamos de vista que, embora morra o corpo físico, a mente permanece em sua estrutura eletromagnética no corpo mental, como já vimos. Assim é que, todas as experiências evolutivas são conservadas, jamais perdem as qualidades adquiridas, mas se modificam no sentido progressivo.

A FORMAÇÃO DOS SENTIDOS

Na superfície, o corpo do neurônio fica sujeito a lesões irreversíveis. As lesões no corpo de um neurônio não se regeneram, ao contrário dos axônios. (vide III parte, item 19).

Na filogênese, o corpo do neurônio sensitivo (aferente) passou a ocupar uma posição mais afastada da superfície.

Os receptores, na extremidade periférica dos neurônios sensitivos, especializaram-se em vários tipos de estímulos, surgindo estruturas cada vez mais elaboradas, capazes de transformar os vários estímulos físicos ou químicos em impulsos nervosos, que são conduzidos aos centros nervosos pelos neurônios sensitivos.

Surge assim o sentido do **tato** altamente especializado, a espalhar-se por toda a pele, que se converte em superfície receptora com variadas terminações nervosas.

Surgem os sentidos químicos que culminam com o **olfato** e o **paladar**.

Aperfeiçoam-se as células receptoras da luz, culminando no sentido da **visão,** que permite a formação das imagens na retina, cujos impulsos nervosos alcançam as vias ópticas e são transportados até o centro nervoso, onde a mente os recebe, analisa, interpreta, enviando-os ao córtex correspondente.

Surge também o sentido da **audição,** em complexa estrutura que capta as ondas sonoras e as transporta pelo nervo auditivo em direção à mente e ao córtex respectivo.

No desenvolvimento dos sentidos e de estruturas mentais mais complexas, surge a percepção integral do meio.

"Todos os órgãos do corpo espiritual e, consequentemente, do corpo físico foram, portanto, construídos com lentidão, atendendo-se à necessidade do campo mental, em seu condicionamento e exteriorização no meio terrestre.

É assim que o tato nasceu no princípio inteligente, na sua passagem pelas células nucleares em seus impulsos ameboides; que a visão principiou, pela sensibilidade do plasma, nos flagelados monocelulares expostos ao clarão solar; que o olfato começou nos animais aquáticos de expressão mais simples, por excitações do ambiente em que evoluíam; que o gosto surgiu nas plantas, muitas delas armadas de pelos viscosos destilando sucos digestivos, e que as primeiras sensações do sexo apareceram com algas marinhas providas não só de células masculinas e femininas que nadam, atraídas umas para as outras, mas também de um esboço de epiderme sensível, que podemos definir como região secundária de simpatias genésicas." (Evolução em Dois Mundos, Espírito André Luiz, Francisco C. Xavier*).*

O SISTEMA NERVOSO VISCERAL

A especialidade do neurônio sensitivo inicialmente era levar, ao centro nervoso (mais tarde, **sistema nervoso central**), informações sobre o meio ambiente, através dos sentidos.

Com a evolução, contudo, surgiu um **meio interno** formado de órgãos e sistemas. Assim, alguns neurônios aferentes passaram a transmitir, ao sistema nervoso central, as informações sobre esse meio interno, para manter seu equilíbrio e constância, surgindo assim o chamado **sistema nervoso visceral**.

O SISTEMA NERVOSO AUTÔNOMO

Juntamente com o Sistema Nervoso Visceral, e como parte deste, surge o Sistema Nervoso Autônomo, que se relaciona ao controle da vida vegetativa, ou seja, controla funções como a respiração, circulação do sangue, controle de temperatura e digestão, bem como o controle automático do corpo frente às modificações do ambiente.

Estrutura-se assim o sistema simpático e parassimpático, regulando e coordenando as funções das vísceras.

"Compreensível salientar que o princípio inteligente, no decurso dos evos, plasmou em seu próprio veículo de exteriorização as conquistas que lhe alicerçariam o crescimento para maiores afirmações nos horizontes evolutivos.

*Dominando as células vivas, de natureza física e espiritual, como que empalmando-as a seu próprio serviço, de modo a senhorear possibilidades mais amplas de expansão e progresso, sofre, no plano terrestre e no plano extraterrestre, as profundas experiências que lhe facultarão, no bojo do tempo, o **automatismo fisiológico**, pelo qual, sem qualquer obstáculo, executa todos os atos primários de manutenção, preservação e renovação da própria vida.*

(Evolução em Dois Mundos, Espírito André Luiz, Francisco C. Xavier*).*

REFLEXO E INSTINTO

A maior necessidade dos seres vivos é a adaptação ao meio e à própria sobrevivência. Na luta imensa pela sobrevivência, no reino animal, a mente necessita programar meios rápidos e decisivos de ataque e defesa.

Predadores e presas desenvolvem a atenção e reações rápidas, não baseadas em raciocínio lógico ou análise da situação para tomar uma decisão. A decisão tem de ser rápida, pois disso depende a própria sobrevivência.

Sem dúvida, o reflexo foi a primeira estrutura mental, seguida do instinto. A repetição incontável de respostas reflexas passou a organizar mecanismos para arquivar a aprendizagem e responder rapidamente aos estímulos do meio, aperfeiçoando-se assim o instinto.

Os estímulos do meio se multiplicam, propiciando um aprendizado primitivo que, após incontáveis repetições, automatizam o comportamento de cada espécie.

8. O SURGIMENTO DO ENCÉFALO

Durante a filogênese, ocorreu um enorme aumento dos neurônios de associação, aumentando consideravelmente o número de sinapses, permitindo uma complexidade crescente no sistema nervoso.

O corpo do neurônio de associação permaneceu sempre dentro do sistema nervoso central, aumentando extraordinariamente na extremidade anterior dos animais, dando origem aos gânglios cerebroides dos invertebrados e ao **encéfalo** dos vertebrados.

A SEDE DE COMANDO DO ESPÍRITO

Conforme já vimos, é através dos Centros Vitais que o Espírito comanda todos os setores da organização perispiritual e física, a partir do Centro Coronário e do Centro Cerebral, localizados no diencéfalo.

É importante notar que o diencéfalo e, consequentemente, o tálamo e a epífise são estruturas das mais primitivas do encéfalo.

Como vimos, é nessa região central do cérebro que se localiza nos seres humanos o centro coronário, que se utiliza do **tálamo** e da **epífise**, através dos quais exerce "vasto sistema de governança do Espírito", no dizer de André Luiz:

*"(...) o centro coronário, através de todo um conjunto de núcleos do **diencéfalo**, possui, no **tálamo**, para onde confluem todas as vias aferentes à cortiça cerebral, com exceção da via do olfato, que é a única via sensitiva de ligações corticais que não passa por ele, **vasto sistema de governança do Espírito.**"* *(Evolução em Dois Mundos,* Espírito André Luiz, Francisco C. Xavier).

Assim é que, no sistema nervoso dos peixes, os hemisférios cerebrais são pouco desenvolvidos, o telencéfalo tem função limitada, mas, no diencéfalo, já se origina o **tálamo**, surgindo, também na região posterior, o corpo **pineal** ou **epífise**.

O sistema nervoso dos anfíbios é semelhante ao dos peixes, mas mais desenvolvido, pois é constituído por um sistema nervoso central (encéfalo e medula espinhal) e um sistema nervoso periférico.

Os hemisférios cerebrais crescem nos répteis e nas aves, surgindo nos mamíferos o encéfalo com circunvoluções ou giros e um grande aumento na área do córtex.

Até hoje, a superfície do cérebro do homem e de vários animais possui **circunvoluções** ou **giros**, delimitadas por depressões chamadas **sulcos**, o que permitiu um grande aumento da superfície, sem um aumento do volume do cérebro.

As possibilidades de sinapses aumentam consideravelmente através dos processos de percepção, atenção, memória e pensamento.

Todo esse desenvolvimento, através dos milênios de evolução biológica e espiritual, é um processo de construção mental, onde o princípio espiritual avança, gradual e progressivamente, rumo aos reinos superiores da Criação Divina.

AS EMOÇÕES

Para os animais simples como a minhoca e os insetos, um padrão determinado de comportamento instintivo basta para suas necessidades de sobrevivência e reprodução. Na escalada evolutiva, peixes, anfíbios e répteis possuem um comportamento menos previsível, mas ainda não demonstram emoções. Os pássaros já demonstram algum indício de emoção através dos seus trinados ou suaves gorjeios.

Os mamíferos, contudo, contam com um mecanismo mais sofisticado: as emoções.

Medo, alegria, tristeza, raiva são emoções primárias identificáveis em vários animais. Um cachorro balança a cauda e late de maneira característica, demonstrando alegria e satisfação. Um gato demonstra raiva, miando agitadamente.

Alguns animais chegam a demonstrar emoções sociais do tipo constrangimento, orgulho, ciúme, vergonha, indignação.

Um cachorro, ao levar uma bronca de seu dono, demonstra sinais de constrangimento. Gorilas adotam atitudes arrogantes para ganhar o respeito de outros gorilas. Lobos demonstram gestos de resignação e humildade, frente a elementos de posição hierárquica superiores, na alcateia. Elefantes demonstram atitudes de solidariedade quando um membro da manada está doente ou ferido. Acariciam a vítima, reconfortando-a, e cuidam dela até que se recupere. Não vemos aí a crisálida do sentimento de amor?

Assim, além do reflexo simples, do automatismo instintivo, o cérebro passou a registrar também as emoções, estabelecendo ligações entre o comportamento e suas consequências. Nasce assim o *sistema límbico*, base fundamental do cérebro emocional, que corresponde a estruturas que se interligam, contribuindo para determinado tipo de emoção.

O sistema límbico é um grupo de estruturas, que inclui: hipotálamo, tálamo, amígdala, hipocampo, os corpos mamilares e o giro do cíngulo[1]. Todas essas áreas são muito importantes para a emoção e reações emocionais ou manifestações do comportamento social.

Embora o termo emoção e sentimento sejam, muitas vezes, utilizados como sinônimos, comparando diversos autores, preferimos utilizar emoção como uma súbita ruptura do equilíbrio afetivo, quase sempre de curta duração como o medo, cólera, prazer, alegria e tristeza, podendo levar a um certo grau de descontrole psíquico e comportamental.

Os sentimentos seriam estados afetivos mais duráveis, não provocando mudanças súbitas no comportamento, mas mudanças mais profundas e duráveis, transformações intensas no estado vibratório do ser, como o amor e o ódio.

AS FUNÇÕES PSÍQUICAS SUPERIORES
LINGUAGEM E PENSAMENTO CONTÍNUO

A necessidade de comunicação com os semelhantes é imperiosa, tanto para os serviços de defesa como para a troca de impressões.

Surge assim a linguagem através da mímica e de fonemas: o silvo dos répteis, o coaxar dos sapos, o trinar das aves, o uivar dos lobos nas estepes, os latidos e gestos quase humanos dos cães.

---

1 Veja detalhes do sistema límbico na terceira parte, item 16.

PENSAMENTO CONTÍNUO - *"Com o exercício incessante e fácil da palavra, a energia mental do homem primitivo encontra insopitável desenvolvimento, por adquirir gradativamente a mobilidade e a elasticidade imprescindíveis à expansão do pensamento que, então, paulatinamente, dilata-se, estabelecendo, no mundo tribal, todo um oceano de energia sutil, em que as consciências encarnadas e desencarnadas se refletem, sem dificuldade, umas às outras. (...)"*

"(...) Pela compreensão progressiva entre as criaturas, por intermédio da palavra, que assegura o pronto intercâmbio, fundamenta-se, no cérebro, o pensamento contínuo e, por semelhante maravilha da alma, as ideias relâmpagos ou as ideias fragmentos da crisálida de consciência, no reino animal, transformam-se em conceitos e inquirições, traduzindo desejos e ideias de alentada substância íntima. (...)"

"(...) O continuísmo da ideia consciente acende a luz da memória sobre o pedestal do automatismo. (...)" (*Evolução em Dois Mundos*, Espírito André Luiz, Francisco C. Xavier).

Em algum lugar do passado, dos reflexos e das ideias relâmpagos, do pensamento simples, surge a linguagem convencional e, com ela, o **pensamento contínuo**.

O homem primitivo aprende a meditar e a se concentrar nos problemas comuns da própria vida, exteriorizando, inconscientemente, as próprias ideias. Lentamente abre caminho para o raciocínio e para a intuição, ampliando a memória, sobrepondo a reflexão consciente sobre o automatismo.

Imagine o homem primitivo na solidão das campinas, no paleolítico, a fitar as estrelas no céu e a imensidão do espaço. Surge a indagação, os porquês, abrindo caminho para a filosofia e a experimentação antecipando a Ciência. A admiração por tudo aquilo que não entende lhe sugere uma inteligência superior, fazendo nascer a ideia de Deus e, com ela, a religiosidade, aumentando o intercâmbio que direta ou indiretamente o faz recolher as sugestões dos Espíritos superiores que lhe tutelam a existência.

O pensamento se desenvolve, e o sentimento de amor se amplia. O princípio de causa e efeito, funcionando automaticamente em sua vida, propicia-lhe a noção de ação e reação e o faz meditar na liberdade de escolha e nas consequências de seus atos. Surge a noção de propriedade, a noção do direito e o princípio da responsabilidade se desponta em seu íntimo.

Assim, as funções psíquicas superiores se ampliam, abrindo um mundo fantástico de possibilidades de desenvolvimento mental. Na interação com o meio, a atividade externa se transforma numa atividade interna. O que é interpessoal se torna intrapessoal.

A função mental baseada em processos orgânicos se torna **vida psíquica**, pessoal e intransferível, que continua sempre a existir, independente do mundo físico que lhe dá sustentação, como veremos nos próximos itens.

O cérebro, pois, é o aparelho que a mente se utiliza para se exprimir e se desenvolver, mas não é a mente em si, da mesma forma que, no mundo da informática, o *hardware* corresponde à máquina por onde o *software* se manifesta. Mas o *software* pode ser gravado num disco de segurança e sobreviver, mesmo que o computador seja destruído.

A estrutura mental, pois, permanece gravada no corpo mental, que sobrevive à morte do corpo físico.

Nossa mente, hoje, é o resultado de todo um processo evolutivo ocorrido ao longo dos milênios, sem que absolutamente nada tenha se perdido.

O Espírito Calderaro, na obra *No Mundo Maior*, sintetiza, de maneira simples e objetiva, todo o processo evolutivo do princípio espiritual:

"Quero dizer, André, que o princípio espiritual, desde o obscuro momento da criação, caminha sem detença para a frente. Afastou-se do leito oceânico, atingiu a superfície das águas protetoras, moveu-se em direção à lama das margens, debateu-se no charco, chegou à terra firme, experimentou, na floresta, copioso material de formas representativas, ergueu-se do solo, contemplou os céus e, depois de longos milênios, durante os quais aprendeu a procriar, alimentar-se, escolher, lembrar e sentir, conquistou a inteligência... Viajou do simples impulso para a irritabilidade, da irritabilidade para a sensação, da sensação para o instinto, do instinto para a razão. Nessa penosa romagem, inúmeros milênios decorreram sobre nós. Estamos, em todas as épocas, abandonando esferas inferiores, a fim de escalar as superiores.

O cérebro é o órgão sagrado de manifestação da mente, em trânsito da animalidade primitiva para a espiritualidade humana."

(*No Mundo Maior*, Espírito André Luiz, Francisco C. Xavier).

Da mesma forma, André Luiz, na obra *Evolução em Dois Mundos*, item 3, fala-nos sobre a evolução no tempo:

"É assim que, dos organismos monocelulares aos organismos complexos, em que a inteligência disciplina as células, colocando-as a seu serviço, o ser viaja no rumo da elevada destinação que lhe foi traçada do Plano Superior, tecendo, com os fios da experiência, a túnica da própria exteriorização, segundo o molde mental que

traz consigo, dentro das leis de ação, reação e renovação em que mecaniza as próprias aquisições, desde o estímulo nervoso à defensiva imunológica, construindo o centro coronário, no próprio cérebro, através da reflexão automática de sensações e impressões em milhões e milhões de anos, pelo qual, com o Auxílio das Potências Sublimes que lhe orientam a marcha, configura os demais centros energéticos do mundo íntimo, fixando-os na tessitura da própria alma.

Contudo, para alcançar a idade da razão, com o título de homem, dotado de raciocínio e discernimento, o ser, automatizado em seus impulsos, na romagem para o reino angélico, despendeu, para chegar aos primórdios da época quaternária, em que a civilização elementar do sílex denuncia algum primor de técnica, nada menos de um bilhão e meio de anos. Isso é perfeitamente verificável na desintegração natural de certos elementos radioativos na massa geológica do Globo. E entendendo-se que a Civilização aludida floresceu há mais ou menos duzentos mil anos, preparando o homem, com a bênção do Cristo, para a responsabilidade, somos induzidos a reconhecer o caráter recente dos conhecimentos psicológicos, destinados a automatizar, na constituição fisiopsicossomática do Espírito humano, as aquisições morais que lhe habilitarão a consciência terrestre a mais amplo degrau de ascensão à Consciência Cósmica."

No próximo item, poderemos observar, nas ilustrações, a existência do tálamo e da epífise neural no desenvolvimento das várias espécies, base da conexão do corpo biológico com o princípio espiritual em evolução.

SISTEMA NERVOSO PRIMITIVO (PEIXES)

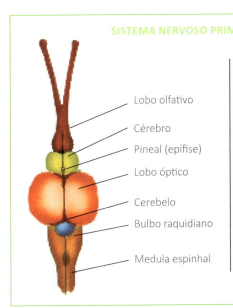

No sistema nervoso dos peixes, os hemisférios cerebrais são pouco desenvolvidos. O telencéfalo tem função predominantemente olfativa.

No diencéfalo dos peixes, origina-se o **tálamo**, surgindo também, na região posterior, a **pineal** ou **epífise**.

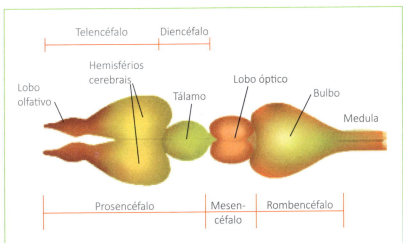

Esquema geral do encéfalo dos vertebrados.
O encéfalo em desenvolvimento dos vertebrados possui três protuberâncias: o rombencéfalo (cérebro posterior), o mesencéfalo (cérebro médio) e o prosencéfalo (cérebro anterior ou velho cérebro).
Nas aves e mamíferos, estes "cérebros" se dobram um sobre o outro no decurso da evolução.

SISTEMA NERVOSO DOS ANFÍBIOS

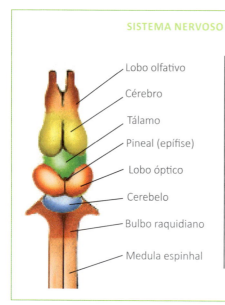

O sistema nervoso dos anfíbios é semelhante ao dos peixes, mas mais desenvolvido.

É constituído por um sistema nervoso central (encéfalo e medula espinhal) e um sistema nervoso periférico.

SISTEMA NERVOSO DOS RÉPTEIS

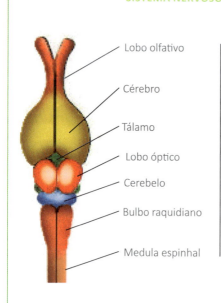

O cérebro dos répteis é mais desenvolvido que o dos anfíbios, porém não se compara ao das aves e mamíferos.

Foram os primeiros vertebrados a se adaptarem a viver em lugares secos.
O cérebro dos répteis é especializado apenas na autopreservação e agressão.
Não possuem ainda estruturas para a manifestação das emoções.

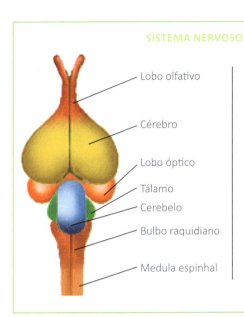

SISTEMA NERVOSO DAS AVES

- Lobo olfativo
- Cérebro
- Lobo óptico
- Tálamo
- Cerebelo
- Bulbo raquidiano
- Medula espinhal

O cérebro das aves é consideravelmente mais desenvolvido que o dos répteis. O cérebro é grande e recobre o diencéfalo e os lobos ópticos.

Os pássaros já demonstram indício de emoção através dos seus trinados ou suaves gorjeios.

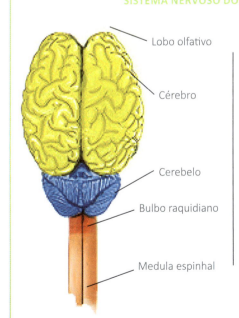

SISTEMA NERVOSO DOS MAMÍFEROS

- Lobo olfativo
- Cérebro
- Cerebelo
- Bulbo raquidiano
- Medula espinhal

O cérebro dos mamíferos é o mais desenvolvido entre todos os vertebrados, e é o centro de controle dos movimentos e do equilíbrio.

Os mamíferos contam com um sofisticado mecanismo que permite a manifestação das emoções: o sistema límbico.

9. EVOLUÇÃO E EDUCAÇÃO

Percebe-se que o corpo espiritual, que sobrevive ao corpo físico, registra todas as conquistas do Espírito, deixando-as gravadas no corpo mental.

Compreendendo a educação como sendo um processo intimamente relacionado com a evolução, percebemos claramente que o Espírito é o construtor de si mesmo, através da romagem do tempo, em múltiplas encarnações, num trabalho gradual e incessante de contínuo progresso, num constante *vir a ser*.

Filhos do Criador, trazemos em nós, desde o princípio do processo evolutivo, o germe da perfeição, que se desenvolve gradual e progressivamente, através dos milênios de experiências nos diversos reinos da Natureza.

Esta é a mais bela e otimista visão da educação que a Doutrina Espírita nos oferece.

Compreender a educação como um processo evolutivo que depende de nosso esforço pessoal, de nossa vivência num trabalho construtivo de nós mesmos, em que ocorre o desenvolvimento gradual e progressivo das potências do Espírito, em todos os seus aspectos, representa um avanço incalculável em nossa visão do que é educação.

Nas páginas seguintes, veremos com que profunda razão Léon Denis afirma que são três as potências da alma: a inteligência, o sentimento e a vontade. (*O Problema do Ser, do Destino e da Dor* - Léon Denis).

Nesse sentido, a Educação do Espírito corresponde ao desenvolvimento gradual e progressivo das potências da alma: a inteligência (aspecto cognitivo), o sentimento (aspecto afetivo) e a vontade (aspecto volitivo).

Perceberemos, pois, que a Educação do Espírito está na base do processo evolutivo que conduzirá o Espírito, hoje na condição humana, aos caminhos superiores da vida imortal, que nos permitirá realizar a **síntese mental** e adquirir o que chamamos de **pensamento intuitivo,** que nos permitirá, por sua vez, sintonizar com o pensamento cósmico que pulula por todo o Universo de Deus.

Com base no que já estudamos, acreditamos, leitor amigo, que estamos em condições de mergulhar no estudo do Sistema Nervoso Humano, que nos fará melhores conhecedores de nós mesmos.

Mas, antes de mergulharmos no fantástico mundo da mente e do cérebro, vamos analisar o desenvolvimento do sistema nervoso humano, do nascimento até a idade adulta, o que facilitará futuros estudos sobre a educação da mente que, na essência, corresponde à própria Educação do Espírito.

10. O DESENVOLVIMENTO DO SISTEMA NERVOSO

O cérebro cresce a um ritmo impressionante a partir da terceira semana de gestação. Seu tamanho aumenta de forma rápida entre o segundo e o quarto mês, quando milhares de novos neurônios são adicionados.

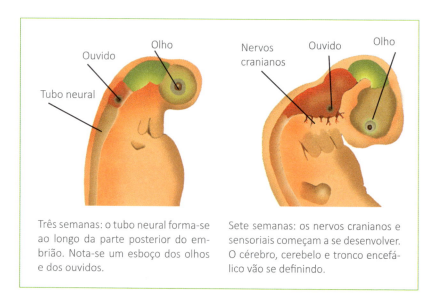

Três semanas: o tubo neural forma-se ao longo da parte posterior do embrião. Nota-se um esboço dos olhos e dos ouvidos.

Sete semanas: os nervos cranianos e sensoriais começam a se desenvolver. O cérebro, cerebelo e tronco encefálico vão se definindo.

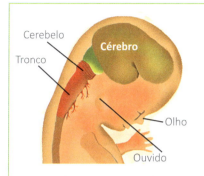
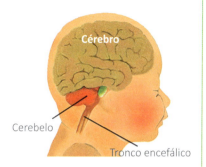

Onze a doze semanas: o cérebro aumenta de tamanho e os olhos e os ouvidos formados ocupam as posições finais.

Nascimento: sulcos e giros aumentam em complexidade. As conexões das áreas sensoriais e motoras são as mais ativas.

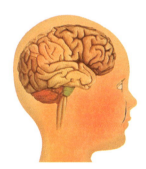

Infância: entre dois e três anos, o hipocampo e a amígdala estão em atividade, atuando no funcionamento da memória. Período pré-operatório, função simbólica, linguagem. Após os sete anos, pensamento operatório concreto.

Adolescência: aos treze/quatorze anos, a pineal se abre para a vida emocional e sexual. Impulsos mais fortes de vidas anteriores, podendo ocasionar situações conflitivas. Pensamento abstrato, operações formais.

No nascimento, o cérebro já possui a maioria dos neurônios definitivos, estimados em 100 bilhões, e continua a crescer por alguns anos. O cérebro humano tem uma notável plasticidade, a habilidade em ser modelado e modificado pelo crescimento de novas e mais complexas conexões entre as células.

Durante a gestação, o Espírito recapitula o desenvolvimento filogenético. Nos primeiros anos de vida (0 a 2 anos), a energia, que durante a gestação plasmou o corpo físico nos moldes perispirituais e conforme a herança genética, agora atua, principalmente, no desenvolvimento dos órgãos e no funcionamento dos mesmos, habilitando o novo corpo ao pleno domínio do Espírito. A energia criadora se manifesta no campo sensorial e motor. (Vide *Educação do Espírito*, cap. 5, do mesmo autor e editora).

O Espírito reconstrói rapidamente seus esquemas mentais, conforme os estímulos do meio, recapitulando, em alguns meses, o longo processo evolutivo dos milênios passados.

O número de sinapses pode dobrar nos primeiros anos de vida, o que indica a intensa atividade neural. As possibilidades de desenvolvimento são imensas, mas os estímulos do meio, nessa fase, podem ser decisivos. Algumas sinapses tendem a enfraquecer durante o desenvolvimento, outras, tendem a se fortalecer e abrir novos caminhos. O fator mais importante é o querer, a vontade, que corresponde à mola propulsora do desenvolvimento, daí a importância das experiências significativas e da motivação.

Piaget, muito apropriadamente, denomina este período de sensório motor.

Henri Wallon destaca a importância da vida emocional, da afetividade, principalmente neste período.

A partir dos dois, até aproximadamente os sete anos, período denominado por Piaget de pré-operatório, desenvolve-se a função simbólica, a idade do "faz de conta". Aumenta consideravelmente o uso da linguagem e do pensamento simbólico. Adora ouvir histórias.

A coordenação motora se aperfeiçoa: linhagens e desenhos simples. Aos três anos, o pensamento ainda está muito ligado à percepção visual, ou seja, acredita no mundo como o vê e não tem consciência de que existem outros pontos de vista. Ainda está na fase egocêntrica, mas, por volta dos três ou quatro anos, começa a despertar para o outro, para o mundo, querendo saber o significado das coisas. É a fase dos "porquês". Aumentando a percepção do meio, amplia-se também a influência externa, quando o exemplo e o meio ambiente exercem maior influência em seu desenvolvimento. Gradualmente, a criança vai reagir aos estímulos do meio. As vibrações, pensamentos e ações agem sobre sua natureza anímica. Vibrações de teor elevado despertarão os impulsos superiores e nobres ao mesmo tempo em que propiciarão o desenvolvimento dos sentimentos superiores do superconsciente, visto ser a criança um ser perfectível.

No entanto, vibrações de teor inferior poderão acordar prematuramente impulsos do mesmo teor, propiciando o surgimento de sentimentos inferiores com que o Espírito guarda afinidade ou que cultivou no passado e que se encontram adormecidos em seu subconsciente.

Após os seis ou sete anos, ocorrem transformações importantes em sua vida mental, quando, segundo o Espírito André Luiz, em *Missionários da Luz*, o processo reencarnatório está consolidado.

Piaget chama este período (7 a 12 anos) de operatório concreto. O pensamento lógico ocorre, mas geralmente apenas se houver objetos concretos disponíveis ou se experiências reais forem relembradas.

Rudolf Steiner relembra a importância de se trabalhar com o sentimento, com a fantasia criadora da criança e com imagens que fecundem e elevem sua energia criadora.

Destaca a importância das vivências que lhe despertem a admiração, o entusiasmo diante das maravilhas do mundo. Destaca ainda a importância das atividades artísticas no processo educacional.

A partir dos treze ou quatorze anos, segundo o Espírito André Luiz, na obra *Missionários da Luz*, item 2, a pineal ou epífise neural *"reajusta-se ao concerto orgânico e reabre seus mundos maravilhosos de sensações e impressões na esfera emocional. Entrega-se a criatura à recapitulação da sexualidade, examina o inventário de suas paixões vividas noutra época, que reaparecem sob fortes impulsos."*.

Piaget denomina esse período, no aspecto cognitivo, de "operações formais", quando o jovem será capaz de lidar não só com as situações reais e concretas, mas também de pensar logicamente sobre coisas abstratas, adquirindo o pensamento científico.

Temos, pois, o Espírito reencarnado em sua romagem evolutiva, manifestando-se gradualmente conforme o amadurecimento dos órgãos e a interação com o meio, vencendo desafios, aprendendo e avançando, aperfeiçoando-se e evoluindo. Esse desenvolvimento gradual de um egocentrismo dos primeiros anos de vida, caracterizado pela anomia, por um amor de apego, até alcançar plena autonomia, ao amor Universal, representa a evolução do Espírito que, naturalmente, não ocorre apenas em uma encarnação, mas através dos milênios de esforço e trabalho de construção de si mesmo, num constante, gradual e progressivo *vir a ser*, sempre avançando, refazendo caminhos, aperfeiçoando a inteligência, o sentimento e a vontade, a caminho da perfeição.

O leitor amigo encontrará estudos mais profundos dessa área na obra *Educação do Espírito* (mesmo autor e editora).

Vamos, pois, ao próximo capítulo, estudar o sistema nervoso humano, já formado, em seu pleno desenvolvimento.

TERCEIRA PARTE

11. O SISTEMA NERVOSO HUMANO

O Sistema Nervoso é um todo, único e totalmente integrado entre si. Sua divisão tem apenas um significado didático. Do ponto

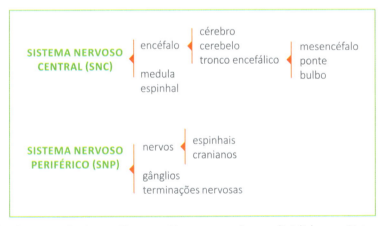

de vista anatômico, o Sistema Nervoso pode ser dividido em Sistema Nervoso Central e Sistema Nervoso Periférico:

O sistema nervoso central é aquele que se localiza dentro da cavidade craniana e no canal vertebral (dentro do esqueleto axial).

O sistema nervoso periférico é aquele que se localiza fora desse esqueleto.

Essa divisão é apenas esquemática e didática, pois, na verdade, os nervos e raízes nervosas penetram no canal vertebral e no crânio para fazer conexão com o sistema nervoso central. Outra divisão aceita, baseada em critérios funcionais, é a seguinte:

O sistema nervoso **somático** ou da vida de relação é aquele que relaciona o organismo com o meio ambiente. Possui neurônios aferentes que conduzem impulsos originados dos receptores periféricos aos centros nervosos e neurônios dos centros nervosos aos músculos, resultando em movimentos voluntários.

O sistema nervoso **visceral** ou da vida vegetativa é aquele que se relaciona com a inervação e o controle das vísceras, mantendo também a constância do meio interno. Possui um componente aferente, que leva os impulsos originados nas vísceras a certas áreas do sistema nervoso. Possui também um componente eferente, que leva os impulsos originados em certas áreas do sistema nervoso até as vísceras. Esta parte do sistema nervoso também é denominada de **Sistema Nervoso Autônomo (SNA)** e se divide em **simpático** e **parassimpático**.

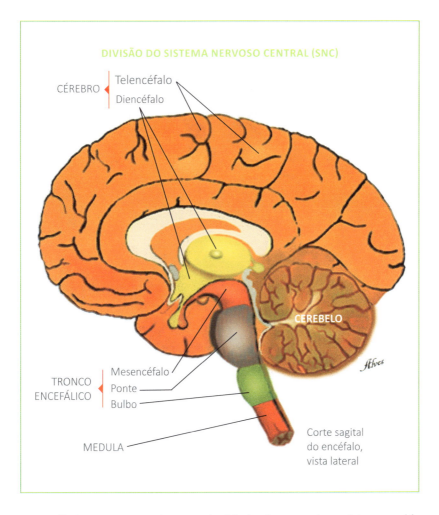

Corte sagital do encéfalo, vista lateral

Embora a aparente complexidade do assunto, existe uma lógica no funcionamento do encéfalo, que vamos adotar em nossos estudos para facilitar a compreensão.

Como vimos, todas as vias aferentes ao córtex (exceção do olfato) passam primeiramente pelo tálamo, que, após sua ligação com o corpo mental, envia as informações ao córtex. Intermediando tais informações, estão os núcleos da base.

Considerando ainda que o diencéfalo corresponde ao centro de comando do Espírito, iniciamos nossos estudos pelo diencéfalo, a seguir, núcleos da base e telencéfalo, incluindo a formação reticular do tronco encefálico, para adquirirmos uma síntese do funcionamento da mente.

Tentando simplificar ao máximo e facilitar a assimilação dos leitores, oferecemos abaixo uma visão global do encéfalo, procurando também ilustrar cada assunto.

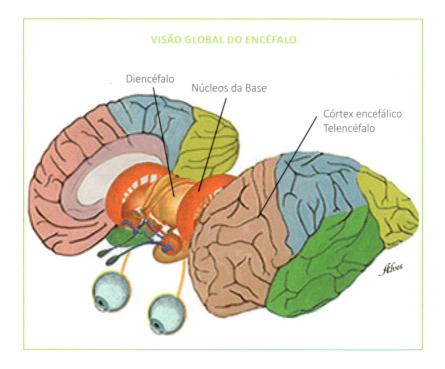

VISÃO GLOBAL DO ENCÉFALO

Diencéfalo
Núcleos da Base
Córtex encefálico
Telencéfalo

12. O DIENCÉFALO

Ao seccionar (cortar) o cérebro no plano sagital (que divide o cérebro em lado direito e esquerdo), torna-se visível o diencéfalo e outras formações, como o corpo caloso, o giro do cíngulo e o fórnix. O diencéfalo se localiza na parte central do cérebro, abaixo do telencéfalo, e é formado pelo **tálamo**, **hipotálamo**, **epitálamo** e **subtálamo**.

TÁLAMO

O tálamo é composto por duas massas de substância cinzenta, de forma ovoide, dispostas uma de cada lado e ligadas entre si pela aderência intertalâmica.

Localiza-se logo abaixo do fórnix e do corpo caloso, que são formações telencefálicas.

A parte inferior do tálamo continua com o hipotálamo e o subtálamo, que serão estudados à frente.

HIPOTÁLAMO

O hipotálamo localiza-se logo abaixo do tálamo e possui importantes funções relacionadas, principalmente, com o controle da atividade visceral, que serão estudadas em outro capítulo.

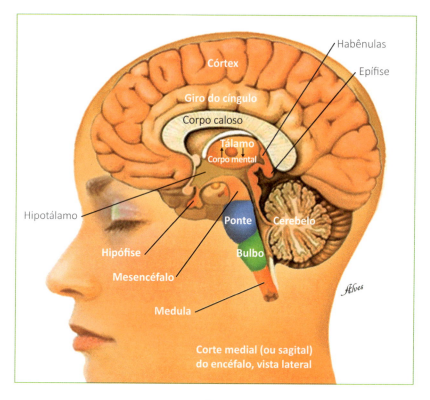

Corte medial (ou sagital) do encéfalo, vista lateral

EPITÁLAMO

O epitálamo se localiza na parte posterior do diencéfalo, na transição com o mesencéfalo. Seu componente mais importante é a glândula pineal ou epífise. O corpo da pineal prende-se anteriormente a dois feixes de fibras, a comissura posterior e a comissura das habênulas, que continua, de cada lado, com as estrias medulares do tálamo.

SUBTÁLAMO

O subtálamo se localiza abaixo do tálamo, limitado medialmente pelo hipotálamo. É de difícil visualização nas peças ou figuras tradicionais. O elemento mais evidente é o núcleo subtalâmico, que pode ser visto numa secção frontal do cérebro.

O DIENCÉFALO E OS CENTROS VITAIS

O Centro Coronário, centro de comando do Espírito, localiza-se no diencéfalo, na região do tálamo e da glândula pineal. Todas as vias aferentes, com exceção do olfato, passam pelo tálamo, antes de se dirigirem ao córtex.

O tálamo, como vimos, corresponde, no corpo físico, à central de comando do Espírito. Os estímulos das vias aferentes ao córtex se comunicam com o corpo mental, sede da mente, sintonizando com estímulos semelhantes, que retornam ao tálamo, onde são processados e enviados às respectivas regiões do córtex. O assunto será melhor examinado ao estudarmos o tálamo e a pineal ou epífise neural.

O Centro Cerebral, conjugado ao coronário, através do hipotálamo e da hipófise, de onde coordena todo o sistema nervoso e o sistema endócrino e, portanto, exprime-se em todo o córtex cerebral.

"No diencéfalo, campo essencialmente sensitivo e vegetativo, parte das mais primitivas do sistema nervoso central, o centro coronário, por fulcro luminoso, entrosa-se com o centro cerebral, a exprimir-se no córtex e em todos os mecanismos do mundo cerebral, e, dessa junção de forças, o Espírito encontra, no cérebro, o gabinete de comando das energias que o servem, como aparelho de expressão dos seus sentimentos e pensamentos, com os quais, no regime de responsabilidade e de autoescolha, plasmará, no espaço e no tempo, o seu próprio caminho de ascensão para Deus."

(*Evolução em Dois Mundos*, Espírito André Luiz, Francisco C. Xavier).

Na figura abaixo, vemos claramente o tálamo e o hipotálamo.

O principal órgão do epitálamo é a glândula pineal, bem visível na figura, e que se liga à comissura posterior e à comissura das habênulas.

O subtálamo não aparece nesta figura, pois se localiza na parte posterior do diencéfalo, tendo, na parte superior, o tálamo e, na parte lateral, o hipotálamo.

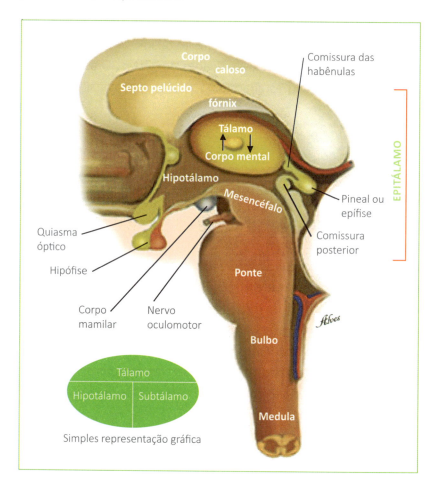

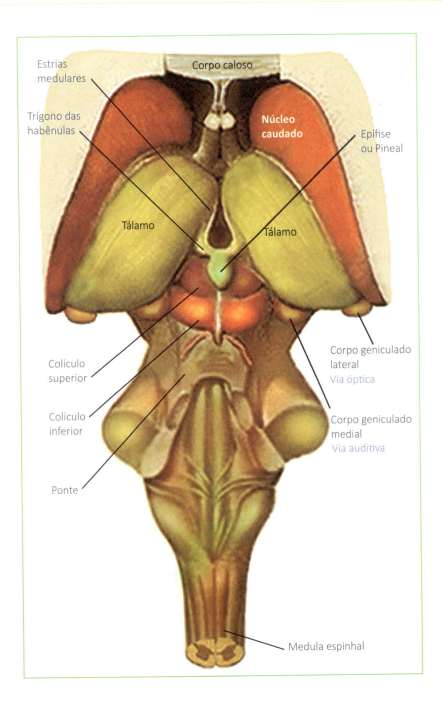

13. O TÁLAMO

Como vimos, o tálamo está situado no diencéfalo e é formado por duas massas de tecido nervoso, ligadas pela aderência intertalâmica.

É constituído fundamentalmente de substância cinzenta, na qual se distinguem vários núcleos. Na superfície dorsal, é revestido por uma lâmina de substância branca, denominada lâmina medular interna, que se abre em forma de y, conforme a figura ao lado.

Possui uma extremidade anterior pontuda, e outra posterior, denominada pulvinar do tálamo. Nesta parte posterior, existem dois corpos geniculados, o lateral e o medial, que correspondem às vias ópticas e auditivas, respectivamente.

"(...) *o centro coronário, através de todo um conjunto de núcleos do diencéfalo, possui no* **tálamo,** *para onde confluem todas as vias aferentes à cortiça cerebral, com exceção da via do olfato, que é a única via sen-*

sitiva de ligações corticais que não passa por ele, **vasto sistema de governança do Espírito.**

Aí, nessa delicada rede de forças, através dos núcleos intercalados nas vias aferentes, através do sistema talâmico de projeção difusa e dos núcleos parcialmente abordados pela ciência da Terra... verte o pensamento ou fluido mental, por secreção sutil, não do cérebro, mas da mente, fluido que influencia primeiro, por intermédio de impulsos repetidos, toda a região cortical e as zonas psicossomatossensitivas, vitalizando e dirigindo todo o cosmo biológico (...)" (*Evolução em Dois Mundos*, cap.13, Espírito André Luiz, Francisco C. Xavier).

Podemos concluir que o ponto de interação entre o corpo físico e o Espírito está no **Centro Coronário**, que corresponde, no cérebro físico, à região do diencéfalo, mais precisamente ao **tálamo**.

Percebemos também que todas as vias aferentes ao córtex passam pelo tálamo, antes de se dirigir ao córtex, com exceção do olfato, que, contudo, também mantém conexões com o tálamo.

Assim, o tálamo recebe as informações antes do córtex e envia os estímulos ao inconsciente profundo, localizado no perispírito, mais precisamente no **corpo mental** que, segundo o Espírito André Luiz, é o *"envoltório sutil da mente"*.

Compreendemos que essa ligação do tálamo com o corpo mental não ocorre por meio de conexões neuronais, mas vibratórias, e depende da frequência mental.

Os estímulos externos, pois, ativam impulsos semelhantes arquivados na bagagem do inconsciente do Espírito. Esses impulsos ressurgem no consciente, através das radiações talâmicas que mantêm conexões recíprocas entre o córtex e o tálamo.

Assim, o consciente sintoniza com as estruturas mentais semelhantes aos seus interesses e desejos, que surgem em nível de consciente, em forma de tendências, aptidões e impulsos, formando-se uma interação entre o consciente e o subconsciente profundo arquivado no corpo mental, através das vias recíprocas entre o tálamo e o córtex. Muitas conexões entre tálamo e córtex são intermediadas pelos núcleos da base, como veremos à frente. Embora sem trazer à tona as lembranças de vivências passadas, as estruturas mentais do corpo mental estão "vivas" e podem ser ativadas.

Assim se explica o fenômeno das crianças-prodígio, que manifestam sua genialidade desde tenra idade, tal o exemplo de Mozart, Paganini, Pascal, e tantos outros. Da mesma forma, impulsos negativos podem ser reativados pelos estímulos do meio.

Percebemos também que o controle está no consciente, ou seja, impulsos infelizes podem surgir, fruto de experiências transatas, mas o Espírito encarnado tem poder de controle e decisão.

Infelizmente, muitos preferem se deixar arrastar pelas tendências cristalizadas em seu subconsciente profundo em vez de construir seu próprio futuro de paz, alegria e harmonia interior, na conquista da consciência espiritual libertadora.

Daí a importância da educação, no processo de elevação do Espírito. Atrelados ainda às trevas de nosso porão mental, qual prisioneiros a arrastar pesadas correntes, sustentamos, contudo, sutil conexão com a Divindade, percebendo tênue fio de luz, mas suficiente para iluminar os recantos ainda obscuros de nossa própria mente.

Através do estudo, da prece, do trabalho no bem, podemos sentir essa vibração espiritual a permear a imensidão do Universo e podemos conectar esses pontos de luz de brilho intenso emanados de uma frequência vibratória Divina, de amor e sabedoria.

Faz-se imperioso que retomemos a direção de nosso destino, buscando a conexão de nosso Eu profundo com o fluxo vibratório emanado da Consciência Cósmica, que pulula por todo o Universo de Deus.

Daí a importância de nossos estudos, para melhor conhecimento de nós mesmos e de nossa vida mental. Temos nos deixado arrastar pelos nossos impulsos inferiores que, de há muito, deveriam ter sido superados, abrindo espaço para a Divindade imanente em todos nós.

Peregrinos em farrapos, caminhando sem rumo, trazemos, dentro de nós, essa centelha de luz que revela nossa descendência Divina. Nesse sentido, é imperioso adquirirmos o "conhecimento de nós mesmos", para a nossa própria libertação interior e maior conexão com o "pensamento cósmico", que emana das esferas mais elevadas da vida Universal.

Relações tálamo - córtex

A maioria dos núcleos do tálamo faz conexão com o córtex. Essas conexões geralmente são recíprocas, ou seja, o tálamo envia e também recebe fibras do córtex, constituindo as chamadas radiações talâmicas.

O tálamo se relaciona praticamente com todas as áreas do córtex, com a sensibilidade, com a motricidade, com o comportamento emocional, através do sistema límbico e da área pré-frontal, além de manter relações com o sistema de ativação do córtex, que será estudado à frente.

É assim que o Espírito, através do tálamo e da epífise (que estudaremos a seguir), e por intermédio do corpo mental, mantém controle absoluto sobre o corpo físico.

RELAÇÕES TÁLAMO - CORPO MENTAL - CÓRTEX

Todas as vias aferentes ao córtex cerebral, com exceção do olfato, passam pelo tálamo e se comunicam com o corpo mental, sede da mente, sintonizando com estímulos semelhantes, que retornam ao tálamo com novas informações, onde são processadas e enviadas às respectivas regiões do córtex.

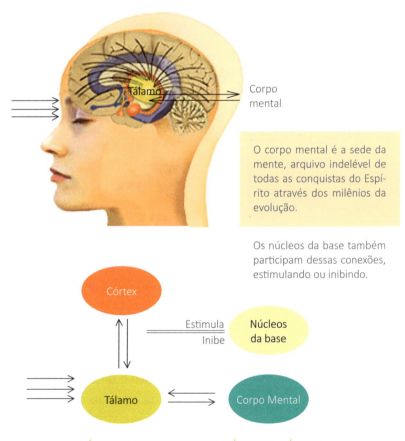

TÁLAMO > CORPO MENTAL > TÁLAMO > CÓRTEX

Assim como as radiações talâmicas, as radiações tálamo--corpo mental-tálamo-córtex também são recíprocas.

O corpo mental, sede da mente, mantém o registro das conquistas do Espírito através dos milênios evolutivos. Nada se perde, mas se aperfeiçoa.

Todavia, não estamos nos referindo apenas à memória dos acontecimentos corriqueiros das vidas anteriores, mas também, e principalmente, das construções das estruturas mentais, que não correspondem a conhecimento acumulado, mas à capacidade de realização.

Exemplificando, imaginem um Espírito aprendendo matemática. Gradualmente, vai construindo suas estruturas mentais que lhe permitem realizar as quatro operações, depois equações de primeiro grau, segundo grau, cálculo integral, etc. Pouco importa se ele aprendeu na Europa, na América ou no Oriente, ou quem foram seus professores. O importante é que ele construiu estruturas mentais que lhe permitem realizar as operações matemáticas aprendidas.

Tais estruturas mentais permanecem como patrimônio indelével do Espírito, arquivadas no corpo mental.

Imaginemos esse Espírito, em futura encarnação, numa aula de matemática. Os estímulos ou desafios recebidos nesta área são recebidos no tálamo e, automaticamente, comunicados ao corpo mental, que identificará tais estímulos, reenviando ao tálamo que, processando as diversas informações, ou seja, o que entra pelos órgãos dos sentidos e as informações do corpo mental, remete as informações para o córtex cerebral. Este aluno encontrará rara facilidade em aprender (ou reaprender) as lições de matemática. Tal facilidade é o que chamamos de talento, dom, dádiva ou graça Divina.

"A cada um segundo as suas obras", afirmava Jesus.

Tudo é conquista do Espírito em suas múltiplas existências ou o aprendizado ocorrido no Mundo Espiritual.

Transporte o exemplo acima para todas as áreas de atividades da humanidade, seja no campo intelectual, afetivo e volitivo.

O termo estrutura mental representa as conquistas necessárias e universais a todo ser humano. Independentemente da aprendizagem ter ocorrido na Europa ou na América, o Espírito se desenvolve e caminha lenta e progressivamente para a perfeição. A perfectibilidade (a capacidade de atingir a perfeição) existe em todo ser, mas os meios para desenvolvê-la podem variar imensamente.

Assim, além das recordações gravadas na memória do Espírito, que representam as experiências e vivências anteriores, variando, portanto, de indivíduo para indivíduo, o Espírito está construindo estruturas mentais que são universais e necessárias a todos.

As informações que o corpo mental, neste caso, retorna ao tálamo não correspondem às lembranças das vidas anteriores, mas à ativação das estruturas mentais, que ressurgem em forma de tendências, dom, facilidades no aprendizado.

Se assim não fosse, a vida seria um eterno recomeço. No entanto, cada encarnação é uma oportunidade valiosa de desenvolvimento das potências da alma, desenvolvimento gradual e progressivo rumo à perfeição.

No jogo da vida, não existe "xeque-mate", pois o jogo continua sempre, num constante "vir-a-ser".

No próximo item, vamos analisar os núcleos talâmicos e suas conexões com o córtex encefálico.

OS NÚCLEOS DO TÁLAMO

O tálamo é formado por mais de 50 núcleos, mas, para facilitar o estudo, podemos dividi-lo em 5 grupos: anterior, posterior, mediano, medial e lateral.

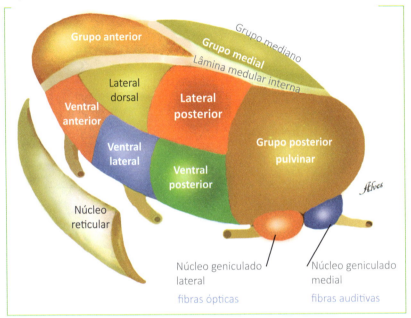

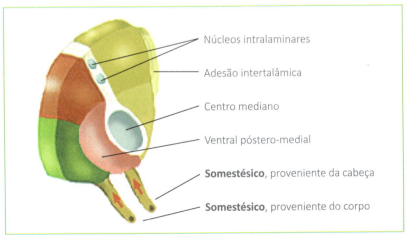

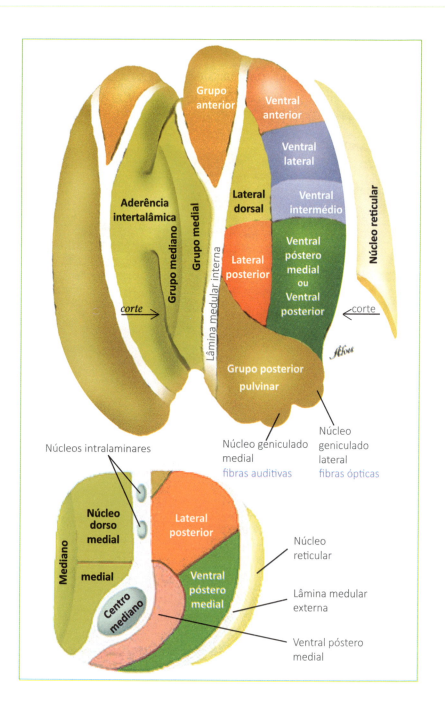

Os núcleos do **Grupo Anterior,** além do trajeto tálamo-corpo mental, mantêm ligação com os núcleos mamilares do hipotálamo e projetam fibras para o córtex do giro do cíngulo e parte do sistema límbico. Relaciona-se, assim, com o *comportamento emocional.*

O **Grupo Posterior** compreende o pulvinar e os corpos geniculados lateral e medial. O **Corpo Geniculado Lateral** recebe fibras provenientes da retina (vias ópticas) e, após acessar arquivos semelhantes no corpo mental, projeta fibras pelo tracto genículo-calcarino para a área visual do córtex. O corpo geniculado medial recebe fibras das vias auditivas e, após o trajeto tálamo-corpo mental, projeta fibras para a área auditiva do córtex cerebral.

O **Grupo Lateral,** para melhor compreensão, pode ser dividido em subgrupos, dos quais os mais importantes são:

Ventral Anterior, recebe fibras do globo pálido e projeta fibras para as áreas motoras do córtex. É importante lembrar que o globo pálido faz parte dos núcleos da base, cujo neurotransmissor é o GABA[1], que é inibitório, ou seja, modula as informações que chegam ao tálamo e que serão encaminhadas ao córtex.

Ventral Lateral, recebe fibras do cerebelo, que serão projetadas para as áreas motoras do córtex cerebral.

Ventral Posterior (ou ventral póstero lateral), recebe fibras das vias sensitivas (tato, temperatura, dor, pressão e propriocepção consciente) e projeta fibras para o córtex do giro pós-central, onde se localiza a área somestésica.

Ventral Póstero Medial, recebe fibras sensitivas, trazendo sensibilidade somática geral de parte da cabeça e fibras gustativas

---

1 GABA - Ácido gama-aminobutírico, também conhecido pela sigla inglesa GABA (Gamma-AminoButyric Acid). É o principal neurotransmissor inibidor no sistema nervoso central.

do trato solitário (bulbo raquidiano) e projeta fibras para a área somestésica e gustativa no giro pós-central.

Os núcleos do **Grupo Mediano**, que se localiza nas proximidades da aderência intertalâmica, mantêm conexão principalmente com o hipotálamo, relacionando-se com as funções viscerais.

Os núcleos do **Grupo Medial** compreendem os **núcleos intralaminares** e **centro mediano** (localizados dentro da lâmina medular interna) e o **núcleo dorsomedial**, situado entre a lâmina e os núcleos do grupo mediano. Os núcleos intralaminares, inclusive o centro mediano, recebem fibras da formação reticular (do tronco encefálico) e têm papel ativador sobre o córtex cerebral.

Quanto ao núcleo **dorsomedial,** recebe fibras principalmente do corpo amigdaloide e do hipotálamo e mantém conexões recíprocas com a área pré-frontal, sendo a parte mais importante dentro do *vasto sistema de governança do espírito.*

Percebemos, pois, a complexidade das funções do tálamo, que é muito mais do que um relé biológico que redireciona os estímulos recebidos. É, em verdade, a central de comando do Espírito, no cérebro físico, mantendo intensas e ininterruptas conexões vibratórias com o corpo mental, sede da mente.

RADIAÇÕES TALÂMICAS

As conexões entre o tálamo e o córtex, geralmente recíprocas, ocorrem através das fibras tálamo-corticais e córtico-talâmicas, que constituem as radiações talâmicas. As figuras abaixo ilustram a imensidade de conexões que o tálamo mantém com todo o encéfalo. Considerando as conexões entre o tálamo e o corpo mental, podemos ter uma ideia, embora ainda vaga, do comando da mente sobre o corpo físico.

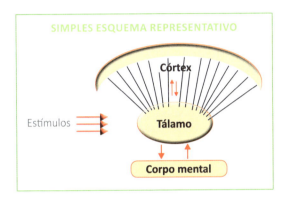

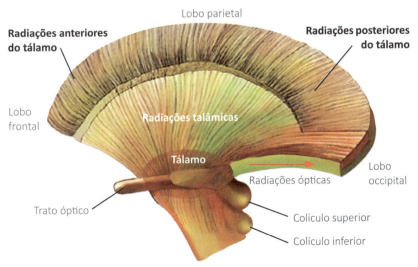

14. PINEAL OU EPÍFISE NEURAL

A glândula pineal ou epífise cerebral localiza-se na parte central do cérebro, entre os dois hemisférios cerebrais, abaixo do corpo caloso e entre os corpos talâmicos. Anatomicamente, é considerada parte do epitálamo.

Trata-se de uma estrutura cinza avermelhado, do tamanho aproximado de uma ervilha, entre 8 a 10 mm (em humanos).

Apresenta metabolismo intenso, produzindo o hormônio melatonina, a partir da serotonina, sendo inibida pela luz e, portanto, estimulada pela ausência de luz.

Possui importante papel na regulação dos ciclos circadianos, que são os ciclos vitais, principalmente o sono, e no controle das atividades sexuais e de reprodução.

A melatonina, uma vez produzida na glândula pineal, é imediatamente secretada e pode ser encontrada em todos os compartimentos do organismo. Além disso, possui uma alta capacidade redutora ou antioxidante. Ela é considerada um dos mais poderosos agentes antioxidantes naturais.

A pineal pode ser vista em radiografias simples do crânio ou tomografia, pela alta incidência de cristais. Pesquisas recentes indi-

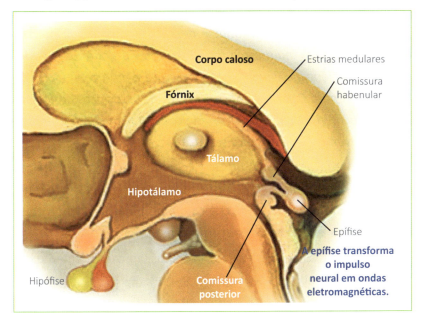

cam que são cristais com propriedades piezoelétricas.

No entanto, as funções da epífise vão muito além daquelas conhecidas pela ciência tradicional.

A PINEAL E O CENTRO CORONÁRIO

As informações do Espírito André Luiz sobre os centros vitais e, praticamente, sobre a construção da própria mente, encontram-se espalhadas em várias obras, especialmente em *Evolução em Dois Mundos* e *Missionários da Luz*.

Em *Evolução em Dois Mundos*, capítulo 9, informa-nos que *"o **centro coronário**, a refletir-se na **glândula pineal** (...) começa a consolidar-se, por fulcro energético de sensações sutis para a tradução* *e seleção dos estados mentais diversos, nos mecanismos da reflexão e do pensamento, da meditação e do discernimento, prenunciando as operações da mediunidade, consciente ou inconsciente, pelas quais Espíritos encarnados e desencarnados se consorciam, uns com os outros, na mesma faixa de vibrações, para as grandes criações da Ciência e da Religião, da Cultura e da Arte, na jornada ascensional para Deus, quando não seja nas associações psíquicas de espécie inferior ou de natureza vulgar, em que as almas prisioneiras da provação ou da sombra se retratam reciprocamente."*

Na obra **Missionários da Luz**, André Luiz avança na definição e funções da glândula pineal, informando que se trata da **"glândula da vida mental"**, funcionando como **"o mais avançado laboratório de elementos psíquicos da criatura terrestre."**

Esclarece ainda que, aos catorze anos, aproximadamente, reabrem-se os mundos de sensações e impressões na esfera emocional, levando a criatura a recapitular sua sexualidade, sendo que as paixões vividas em outras épocas reaparecem sob fortes impulsos.

O que representava controle sexual, agora é fonte criadora e válvula de escapamento. Desata os laços divinos da Natureza, os quais ligam as existências umas às outras e deixa entrever a grandeza das faculdades criadoras de que a criatura se acha investida.

Ante as referências de André Luiz sobre as glândulas genitais, Alexandre esclarece:

"As glândulas genitais segregam os hormônios do sexo, mas a glândula pineal, se me posso exprimir assim, segrega «hormônios psíquicos» ou «unidades-força» que vão atuar, de maneira positiva, nas energias geradoras."

"Segregando delicadas energias psíquicas -prosseguiu ele -, a glândula pineal conserva ascendência em todo o sistema endocríni-

*co. Ligada à mente, através de princípios eletromagnéticos do campo vital, que a ciência comum ainda não pode identificar, comanda as forças subconscientes sob a determinação direta da vontade. As redes nervosas constituem-lhe os fios telegráficos para ordens imediatas a todos os departamentos celulares, e, sob sua direção, efetuam-se os **suprimentos de energias psíquicas** a todos os armazéns autônomos dos órgãos. Manancial criador dos mais importantes, suas atribuições são extensas e fundamentais.*

*"Segregando «unidades-força», pode ser comparada a **poderosa usina**, que deve ser aproveitada e controlada, no serviço de iluminação, refinamento e benefício da personalidade e não relaxada em gasto excessivo do suprimento psíquico, nas emoções de baixa classe."*

Termina a exposição afirmando:

"De acordo com as nossas observações, a função da epífise na vida mental é muito importante."

Segundo *O Livro dos Médiuns*, a mediunidade é um atributo biológico, donde se conclui que a pineal tem função importantíssima no fenômeno mediúnico. A pineal é o órgão que capta as ondas eletromagnéticas emitidas pela mente dos Espíritos e as converte em estímulos eletroneuroquímicos. Ao mesmo tempo, irradia o pensamento em forma de ondas eletromagnéticas ou mento-eletromagnéticas, na linguagem do Espírito André Luiz.

"O Espírito, encarnado ou desencarnado, na essência, pode ser comparado a um dínamo complexo, em que se verifica a transubstanciação do trabalho psicofísico em forças mento-eletromagnéticas, forças essas que guardam consigo, no laboratório das células em que circulam e se harmonizam, a propriedade de agentes emissores e receptores, conservadores e regeneradores de energia.

Para que nos façamos mais simplesmente compreendidos, imaginemo-lo como sendo um dínamo gerador, indutor, transformador e coletor, ao mesmo tempo, com capacidade de assimilar correntes contínuas de força e exteriorizá-las simultaneamente." (*Mecanismos da Mediunidade* cap.5 - Espírito André Luiz, Francisco C. Xavier).

RELAÇÃO PINEAL - TÁLAMO - CENTRO CORONÁRIO

Como já vimos, com base nos estudos do Espírito André Luiz, podemos concluir que o ponto de interação entre o corpo físico e o Espírito está no **Centro Coronário**, que corresponde, no cérebro físico, à região do diencéfalo, mais precisamente, ao **tálamo e à epífise**.

André Luiz ainda nos ensina que é nessa região, *"(...) através dos núcleos intercalados nas vias aferentes, através do sistema talâmico de projeção difusa e dos núcleos parcialmente abordados pela ciência da Terra... verte o pensamento ou fluido mental, por secreção sutil, não do cérebro, mas da mente, fluido que influencia primeiro, por intermédio de impulsos repetidos, toda a região cortical e as zonas psicossomatossensitivas, vitalizando e dirigindo todo o cosmo biológico. (...)"* (*Evolução em Dois Mundos*, cap.13, Espírito André Luiz, Francisco C. Xavier).

É o Espírito quem pensa, e o pensamento atinge o cérebro físico através do tálamo e de todo o sistema com ele relacionado.

Interessante notar que o epitálamo, onde se localiza a pineal, está ligado também ao sistema límbico, através dos núcleos habenulares, relacionando-se com as emoções.

A glândula pineal, ou epífise, como poderosa antena, irradia o pensamento em forma de ondas de natureza eletromagnética, a

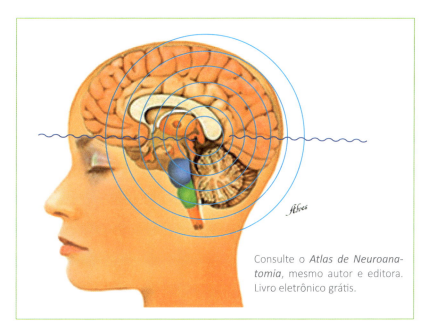

Consulte o *Atlas de Neuroanatomia*, mesmo autor e editora. Livro eletrônico grátis.

irradiar-se pelo cosmo em todas as direções. Ao mesmo tempo, sintoniza com ondas semelhantes, captando-as.

Em síntese, a epífise, como uma antena, converte o sinal emitido pelos neurônios, de natureza elétrica, em ondas eletromagnéticas e as irradia para o espaço. Ao mesmo tempo, capta as ondas eletromagnéticas, de frequência semelhante, e as converte em sinais elétricos, transmitidos pelos neurônios do cérebro.

Ou seja, a pineal irradia o pensamento em forma de ondas eletromagnéticas e capta ondas semelhantes, mantendo assim a interação do indivíduo com o meio espiritual.

Ligada também ao sistema límbico, através dos núcleos habenulares, relaciona-se com as emoções, que é o principal elemento da sintonia mental.

O pensamento (vide capítulo específico) expressa-se por ondas de múltiplas frequências, conduzindo não apenas o conteúdo

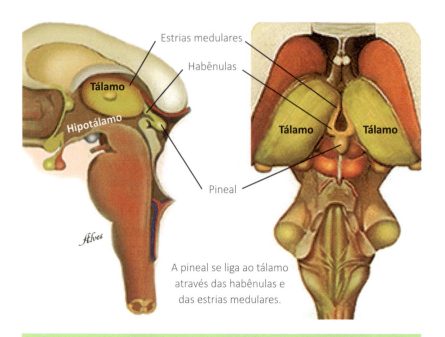

A pineal se liga ao tálamo através das habênulas e das estrias medulares.

A pineal se localiza no epitálamo e está ligada ao sistema límbico, através dos núcleos habenulares. A habênula desempenha importante papel na regulação dos sistemas dopaminérgicos e serotonérgicos, neurotransmissores essenciais para o desempenho de atividades motoras e cognitivas. Tudo o que pensamos e sentimos se irradia pela pineal, como poderosa antena, mas também sintoniza e recebe vibrações semelhantes que influenciam todo o cosmo orgânico.

ou conhecimento, mas também as emoções, com certa intensidade, determinada pela vontade.

Podemos, pois, afirmar, nesse caso, que são elementos do pensamento: o intelecto (conteúdo cognitivo), sentimento (qualidade) e vontade (intensidade).

O Espírito André Luiz nos informa que "a corrente mental é suscetível de reproduzir as suas próprias peculiaridades em outra corrente mental que se lhe sintonize", fenômeno esse chamado de indução mental. (Ver item 21- O Pensamento).

15. HIPOTÁLAMO E HIPÓFISE

Não é nosso objetivo, nesta obra, fazer um profundo estudo do hipotálamo, embora seja uma das áreas mais importantes do sistema nervoso, exercendo inúmeras e variadas funções.

Nosso objetivo principal é demonstrar a maneira fantástica com que o Espírito comanda esse vasto sistema, bem como a maneira impressionante em que, após a desencarnação, o perispírito mantém toda a organização psicossomática, como se o corpo físico fosse uma cópia deste, ou vice-versa.

O centro cerebral, conjugado ao coronário, através do hipotálamo e da hipófise, coordena todo o sistema nervoso e o sistema endócrino e, portanto, exprime-se em todo o córtex cerebral.

O hipotálamo, parte do diencéfalo, agrupa-se em núcleos, como ilustrado na figura ao lado, e mantém conexões muito amplas e complicadas, sendo as principais com o sistema límbico, com a área pré-frontal, com o tronco encefálico, com a hipófise e com as vísceras. Mas, sem dúvida, sua principal função é o controle do sistema nervoso autônomo, agindo direta e indiretamente sobre o sistema simpático e parassimpático.

Assim, suas principais funções são:

- Controle do Sistema Nervoso Autônomo

- Regulação do Sistema Endócrino
- Regulação do comportamento emocional
- Regulação da temperatura do corpo
- Regulação do sono e da vigília
- Regulação da fome e da sede
- Regulação da diurese

O hipotálamo tem conexões amplas que definem suas importantes funções. Na verdade, o cérebro é um todo, onde suas diferentes partes fazem íntimas conexões entre si. Para facilitar nossa compreensão, portanto, citaremos as principais conexões, aceitas por diversos autores.

Conexões com o Sistema Límbico: o hipotálamo faz parte de um sistema complexo de relações recíprocas do Sistema Límbico, integrando o hipotálamo, o hipocampo, a amígdala e a área septal.

Conexões com a área pré-frontal: a área pré-frontal mantém conexões com o hipotálamo diretamente ou através de núcleos do tálamo, relacionado principalmente com o comportamento emocional.

Conexões Viscerais: o hipotálamo controla as funções viscerais, mantendo conexões aferentes e eferentes com os neurônios da medula e do tronco encefálico, relacionados com as funções viscerais.

Conexões com o Sistema Nervoso Autônomo

O hipotálamo controla o Sistema Nervoso Autônomo, juntamente com outras áreas do cérebro, em sintonia com o sistema límbico. O hipotálamo anterior controla principalmente o sistema parassimpático, enquanto o posterior controla principalmente o sistema simpático. Também faz conexões indiretas através da formação reticular.

Conexões com a Hipófise: o hipotálamo é responsável pelo comando da endocrinologia em geral, exercendo ação direta sobre a hipófise e indireta sobre outras glândulas, tais como adrenal, gônadas, tireoide, mamárias e sobre vários tecidos orgânicos, como muscular, ósseo e visceral.

Os hormônios controladores da hipófise são uma forma especial de integrar os sistemas nervoso e endócrino, dando origem ao que se denominou neuroendocrinologia.

Percebemos, pois, que trabalham cooperativamente o **sistema nervoso autônomo** e o **sistema endócrino**, sob a tutela do **hipotálamo** e com íntima relação com as emoções.

Assim, as emoções exercem papel fundamental no funcionamento de todo o organismo humano.

Do ponto de vista pedagógico, a grande maioria dos estudiosos na área da educação e da psicologia destaca a importância das emoções na aprendizagem.

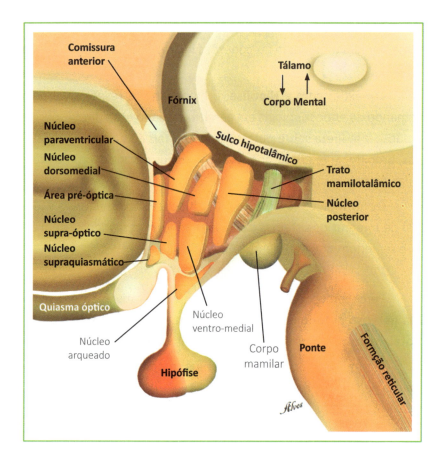

O centro cerebral, através do hipotálamo, controla todo o sistema nervoso, atuando em todo o córtex. Através da hipófise, controla todo o sistema endócrino.

Ligado também ao sistema límbico, podemos perceber como as emoções podem afetar todo o organismo.

O hipotálamo se conecta com o tálamo e, portanto, com o corpo mental, através das fibras tálamo-hipotalâmicas e fibras hipotálamo-talâmicas. Percebemos assim, que, de forma consciente ou inconsciente, o Espírito mantém controle sob todo o cosmo orgânico.

O SISTEMA NERVOSO AUTÔNOMO E AS EMOÇÕES

O sistema nervoso autônomo é dividido em duas partes, de acordo com as funções que desempenham:

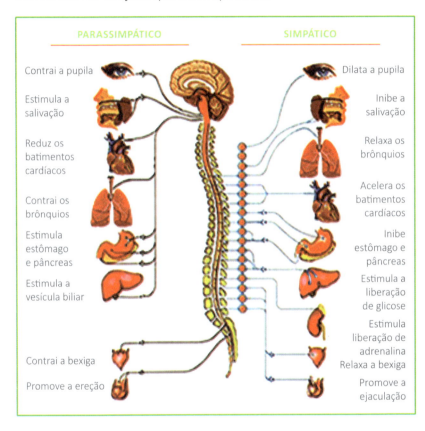

Relacionado ao sistema límbico, as emoções podem interferir no funcionamento do sistema nervoso autônomo.

Em situação de emergência ou pânico (fuga ou luta) pode ocorrer uma descarga maciça simpática (liberação de adrenalina, glicose, batimentos cardíacos acelerados, etc.), que torna o indivíduo capaz de realizar atividades muito mais vigorosas do que em situação normal.

A HIPÓFISE E O HIPOTÁLAMO

A hipófise se divide em duas partes: o lobo anterior ou adenoipófise e o lobo posterior, ou neuroipófise.

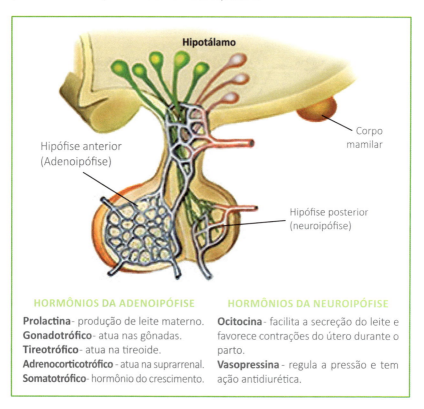

HORMÔNIOS DA ADENOIPÓFISE
Prolactina - produção de leite materno.
Gonadotrófico - atua nas gônadas.
Tireotrófico - atua na tireoide.
Adrenocorticotrófico - atua na suprarrenal.
Somatotrófico - hormônio do crescimento.

HORMÔNIOS DA NEUROIPÓFISE
Ocitocina - facilita a secreção do leite e favorece contrações do útero durante o parto.
Vasopressina - regula a pressão e tem ação antidiurética.

A hipófise e o hipotálamo são estruturas intimamente relacionadas que controlam todo o funcionamento do organismo direta ou indiretamente, atuando sobre diversas glândulas, como a tireoide, adrenais e gônadas. Quase toda a secreção hipofisária é controlada pelo hipotálamo, que recebe informações oriundas da mente, como euforia, alegria, dor e até pensamentos depressivos e, dependendo das necessidades momentâneas, inibe ou estimula a secreção dos hormônios hipofisários, por meio de sinais hormonais ou neurais.

NERVO VAGO

O nervo vago é responsável pela inervação do sistema nervoso autônomo parassimpático de quase todos os órgãos abaixo do pescoço: pulmão, coração, estômago, pâncreas, vesícula biliar, intestino delgado. O sistema nervoso autônomo está ligado diretamente ao córtex, hipotálamo, sistema límbico, sendo que todas essas áreas estão ligadas ao tálamo e, portanto, ao corpo mental.

O sistema nervoso parassimpático está ligado à homeostase, capacidade de regenerar, curar e nutrir o corpo, com efeito anabólico.

Estimula o sistema imunitário, ativa a digestão, os rins, a produção de enzimas pancreáticas, além de outras funções. A influência das emoções, pois, é intensa no funcionamento orgânico. Percebemos claramente a ação da mente em todo o organismo.

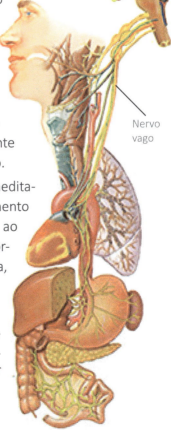

Nervo vago

O equilíbrio emocional, a meditação, relaxamento, calma, contentamento são emoções saudáveis e necessárias ao equilíbrio mental e físico. Da mesma forma, a educação integral do ser, ou seja, a educação do Espírito assume papel terapêutico na vida do homem.

Na próxima página, incluímos, como exemplo, os nervos cranianos. Todos, de certa forma, podem receber influência das emoções.

Ver detalhes no Atlas de Neuroanatomia, livro eletrônico grátis

NERVOS CRANIANOS

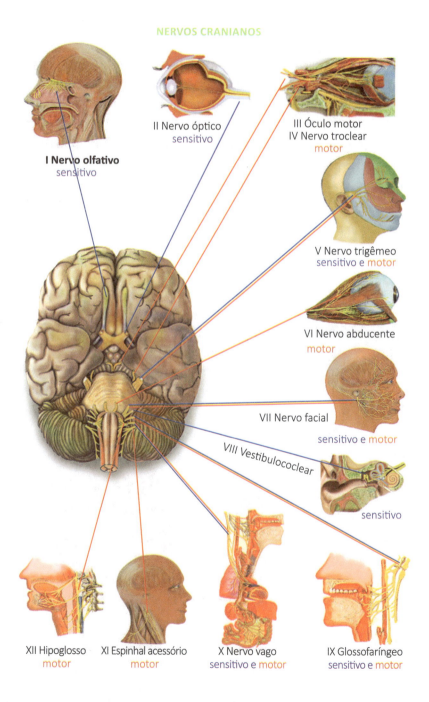

16. AS EMOÇÕES E O SISTEMA LÍMBICO

Os processos emocionais são fundamentais para o funcionamento e desenvolvimento da mente. O homem é um ser que pensa, sente e age, considerando que o agir é direcionado pela vontade. Inteligência, sentimento e vontade são as potências do Espírito em evolução.

Neste capítulo, vamos analisar os processos emocionais que surgem no Espírito, mas se refletem no cérebro, como órgão de manifestação da alma.

Os processos emocionais estão ligados com a área pré-frontal, tálamo, hipotálamo e com o sistema límbico.

Essas áreas estão relacionadas também com os processos motivacionais primários como fome, sede, sexo, medo, raiva, etc.

Todas essas áreas estão intimamente ligadas ao **centro coronário** e ao **centro cerebral**.

O Sistema Límbico

As áreas que formam uma espécie de anel cortical contínuo, constituído pelo giro do cíngulo, giro para-hipocampal e hipocam-

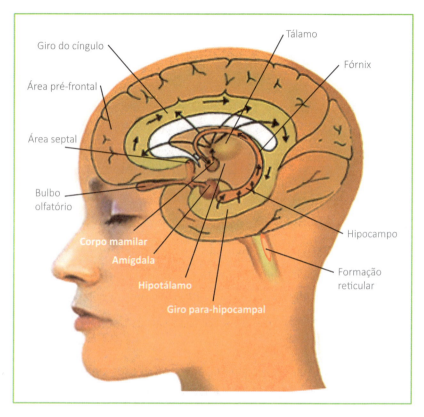

po, foram denominadas, por Paul Broca, de lobo límbico (de limbo, contorno).

Essas áreas, juntamente com a amígdala, a área septal, os núcleos mamilares, os núcleos anteriores do tálamo, parte do hipotálamo e os núcleos habenulares formam o sistema límbico, e estão intimamente relacionadas aos processos emocionais, ao sistema nervoso autônomo e aos processos motivacionais essenciais à sobrevivência da espécie e do indivíduo.

Muito pouco conhecida é a ação da **pineal** ou **epífise neural**, que mantém conexão com o sistema límbico através dos núcleos habenulares.

Alguns autores relacionam também, como integrando o sistema, parte da **formação reticular**.

Giro do cíngulo - situado na face medial do cérebro, acima do corpo caloso, recebe informações do núcleo anterior do tálamo e do neocórtex, bem como das áreas somatossensoriais do córtex. A parte frontal coordena odores e visões com memórias agradáveis de emoções anteriores. Participa da reação emocional à dor e da regulação do comportamento agressivo.

Giro para-hipocampal - praticamente corresponde a uma continuação do giro do cíngulo, situado na face inferior do lobo temporal.

Hipocampo - é uma estrutura localizada nos lobos temporais do cérebro humano, considerada a principal sede da memória. Estudos recentes indicam que ela atua no sentido de converter a memória de curto prazo em memória de longo prazo. Atua em interação com a amígdala. Lesões no hipocampo impedem a pessoa de construir novas memórias, embora as memórias mais antigas, anteriores à lesão, permaneçam intactas. O hipocampo possibilita ao animal e ao homem comparar as condições de uma ameaça atual com experiências passadas similares, permitindo, pois, escolher qual a melhor opção a ser tomada para garantir a sua preservação. No entanto, sa-

bemos que essas informações advêm do corpo mental, onde está registrado todo o patrimônio do Espírito. (Veja item sobre a memória).

Amígdala - influencia o comportamento e as atividades relacionadas às emoções primárias, como medo, ira, ciúme, fome, sede, sexo. Mantém íntima relação com o hipotálamo. É o centro identificador de perigo. Em animais, a estimulação da amígdala provoca crises de violência e agressividade.

Área septal ou **septo** - corresponde a um dos centros de prazer do cérebro. Também está ligada na regulação das atividades viscerais, como controle da pressão arterial e ritmo respiratório. Estímulos nessa área, em animais, causam hiperatividade emocional, com demonstrações de ferocidade e raiva.

Corpo mamilar - corresponde a uma formação do hipotálamo, contém os núcleos mamilares e faz parte de conexões do sistema límbico. Recebe fibras do hipocampo, que chegam pelo fórnix, e projeta fibras para o núcleo anterior do tálamo e para a formação reticular.

Fórnix - corresponde a um feixe compacto de fibras que se dirige para os corpos mamilares, área septal e núcleo anterior do tálamo. Seu nome vem do latim "arco", por formar uma espécie de arco. Geralmente, descrevem-se as seguintes partes: perna, corpo e coluna do fórnix.

Tálamo - através dos núcleos anteriores e o dorso medial, está relacionado com as atividades emocionais. A importância dos núcleos na regulação do comportamento emocional possivelmente decorre, não de uma atividade própria, mas das conexões com outras estruturas do sistema límbico. O núcleo dorso-medial se conecta com as estruturas corticais da área pré-frontal e com o hipotálamo.

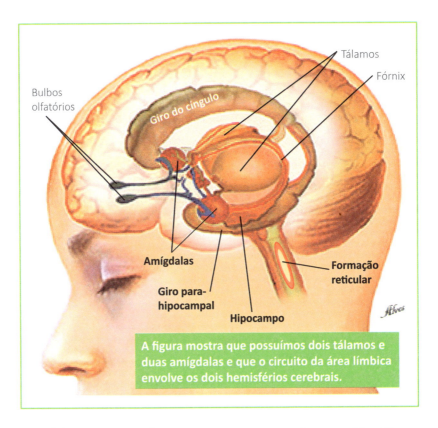

A figura mostra que possuímos dois tálamos e duas amígdalas e que o circuito da área límbica envolve os dois hemisférios cerebrais.

Os núcleos anteriores ligam-se aos corpos mamilares no hipotálamo (e através destes, via fórnix, com o hipocampo) e ao giro cingulado.

Parte do **hipotálamo** também participa do sistema límbico. Além de atuar no controle do comportamento, também controla várias condições internas do corpo, como a temperatura, o impulso para comer e beber, etc. Essas funções internas são, em conjunto, denominadas funções vegetativas, e seu controle está relacionado com o comportamento. O hipotálamo mantém vias de comunicação com todos os níveis do sistema límbico. Desempenha, ainda, importante papel nas emoções. Especificamente, as partes laterais parecem envolvidas com o prazer e a raiva, enquanto que a porção mediana parece mais ligada à aversão, ao desprazer e à tendência ao riso (gargalhada) incontrolável. Quando os sintomas físicos da emoção aparecem, a ameaça que produzem retorna, via hipotálamo, aos centros límbicos e, destes, aos núcleos pré-frontais, aumentando, por um mecanismo de *feedback* negativo, a ansiedade, podendo até chegar a gerar um estado de pânico.

Formação reticular do tronco cerebral- apresenta uma estrutura intermediária entre a substância branca e a substância cinzenta. Ocupando a parte central do tronco encefálico, tem como principal função ativar o córtex cerebral, projetando-se para o interior do diencéfalo e, em sentido contrário, para a porção mais alta da medula espinhal. Faz conexão com todo o Sistema Nervoso Central - córtex, tálamo, hipotálamo, sistema límbico, cerebelo, nervos cranianos e medula espinhal- e controla a atividade elétrica cortical, como sono e vigília, a sensibilidade, como a atenção seletiva, atividades motoras somáticas complexas que envolvem centros reflexos como o respiratório, vasomotor e locomoção. Controla ainda o Sistema Nervoso Autônomo e o eixo hipotálamo-hipófise, controlando, assim, o sistema neuroendócrino.

Área tegmental ventral- Grupo de neurônios localizados em uma parte do tronco cerebral. Uma parte dele secreta dopamina. A descarga espontânea ou a estimulação elétrica dos neurônios da região dopaminérgica produzem sensações de prazer.

Área pré-frontal- não faz parte do lobo límbico tradicional, mas suas intensas conexões com o tálamo, amígdala e outras regiões subcorticais explicam o importante papel que desempenha na expressão dos estados afetivos.

Está classicamente dividido em três áreas funcionais e anatômicas: a área dorsolateral, a área orbitofrontal e a área cingulada anterior. A área dorsolateral está relacionada com o raciocínio, permite a integração de percepções temporais descontínuas em componentes de ação dirigidos a um objetivo. A área orbitofrontal representa uma interface entre os domínios afetivo/emocional e a tomada de decisões centradas nos domínios pessoal e social. A área dorsolateral funciona como um "secretário de direção" da área dorsolateral, ao dirigir a atenção. Tem um papel igualmente importante na motivação do comportamento. As três áreas contribuem para o que se designa de "Funções Executivas". Quando o córtex pré-frontal é lesado, o indivíduo perde o senso de suas responsabilidades sociais (lesões orbitofrontais), bem como a capacidade de concentração e de abstração (lesões dorsolaterais).

André Luiz nos informa que, "(...) *nos planos dos lobos frontais, silenciosos ainda para a investigação científica do mundo, jazem materiais de ordem sublime, que conquistaremos gradualmente, no esforço de ascensão, representando a parte mais nobre de nosso organismo divino em evolução.".* (*No Mundo Maior*, cap. 3, Espírito André Luiz, Francisco C. Xavier).

Também faz parte do Sistema Límbico grande parte das formações do epitálamo, especialmente as habênulas, que se ligam à glândula pineal, que irradia o pensamento (em seus aspectos intelectual, afetivo e volitivo) e recebe vibrações semelhantes.

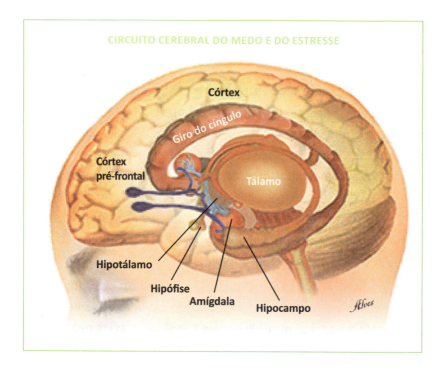

Exemplo simplificado de uma situação de estresse ou medo. Ao enfrentar uma situação de perigo iminente, as informações sensoriais vão diretamente para o tálamo, que se conecta com o corpo mental (experiências de vidas passadas) e retorna com as experiências instintivas, já vivenciadas, seguindo por dois caminhos:

1. Tálamo > amígdala > hipotálamo

Reação instintiva: o tálamo transmite à amígdala informações sensoriais e informações do inconsciente profundo, que rapidamente informa ao hipotálamo para iniciar a reação de fuga ou de defesa.

2. Tálamo > córtex > hipocampo > amígdala > hipotálamo.

Reação consciente e racional: ao passar pelo córtex, a reação será consciente, e o acontecimento poderá ser analisado e interpretado antes da reação.

A amígdala (trabalhando em conjunto com o hipocampo) mantém complexas conexões (polissinápticas) com o sistema endócrino, com o sistema nervoso autônomo (visceral) e com o sistema nervoso somático (ações voluntárias).

Pode ocorrer uma descarga do sistema simpático: liberação de adrenalina, batimentos cardíacos acelerados, liberação de glicose, aumento da respiração, etc.

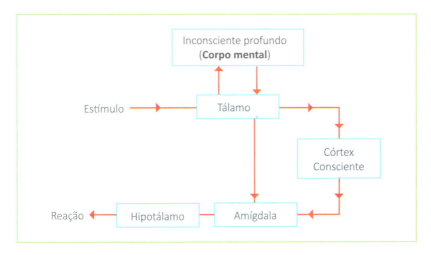

Contudo, a maneira como cada um vai reagir à determinada situação varia muito. Alguns reagirão impulsivamente, outros racionalmente.

A grande tarefa evolutiva é vencer os instintos, que surgem do inconsciente profundo. Pensar antes de agir, gerenciar as próprias emoções de medo, raiva, violência, tristeza. A ação mental construída hoje se tornará automática amanhã. O futuro começa no presente.

OS CENTROS VITAIS DO ENCÉFALO E AS EMOÇÕES

É sempre o Espírito quem pensa, sente e age, utilizando, em suas manifestações com o corpo físico, do centro coronário e do centro cerebral, agindo, por intermédio destes, nos demais centros vitais.

CENTRO CORONÁRIO: o tálamo, onde se localiza o centro coronário, sede da mente, está intimamente ligado com as áreas relacionadas às emoções, mantendo conexões com a área pré-frontal, com o hipotálamo, e participa do sistema límbico através dos núcleos anteriores do tálamo, seguindo para o giro do cíngulo, giro para-hipocampal, hipocampo, amígdala, fórnix e corpos mamilares.

Importantíssimo compreender a participação do epitálamo, através dos núcleos habenulares, que se ligam à pineal ou epífise neural, que funciona como uma antena que irradia e recebe vibrações mentais.

CENTRO CEREBRAL: o centro cerebral "exprime-se no córtex e em todos os mecanismos do mundo cerebral". Intimamente ligado ao hipotálamo e à hipófise, age sobre o sistema nervoso e sobre o sistema endócrino.

Percebemos, pois, que as emoções podem interferir em todo o cosmo orgânico, estando na raiz da maioria das enfermidades que acometem o ser humano.

Tais áreas também estão ligadas intimamente aos processos de aprendizagem, ou seja, à construção de novas estruturas mentais, base do processo evolutivo.

O cérebro nos parece uma imensa organização que funciona sob a gerência do Espírito.

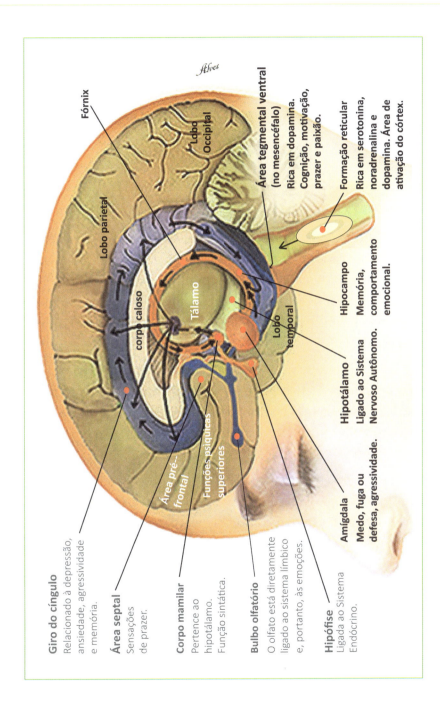

17. FORMAÇÃO RETICULAR

A formação reticular do tronco cerebral apresenta uma estrutura intermediária entre a substância branca e a substância cinzenta. Ocupando a parte central do tronco encefálico, tem como principal função ativar o córtex cerebral, projetando-se para o interior do diencéfalo e, em sentido contrário, para a porção mais alta da medula espinhal.

Possui um sistema de fibras ascendentes que se projetam para o córtex cerebral, tendo sobre ele uma ação ativadora. Surgiu assim o conceito de Sistema Ativador Reticular Ascendente (SARA). Sabe-se que o próprio córtex pode estimular o SARA, utilizando o poder da vontade, através das vibrações do corpo mental.

Faz conexão com todo o Sistema Nervoso Central: tálamo, hipotálamo, sistema límbico, córtex, cerebelo, nervos cranianos e medula espinhal, e controla a atividade elétrica cortical, como sono e vigília, a sensibilidade como a atenção seletiva, atividades motoras somáticas complexas que envolvem centros reflexos, ativando ainda o Sistema Nervoso Autônomo e o Sistema Neuroendócrino.

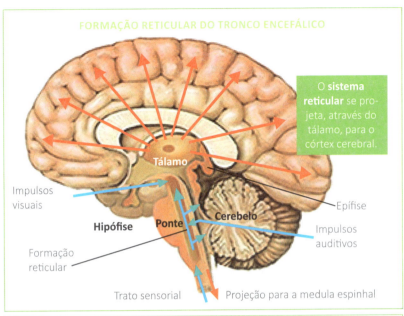

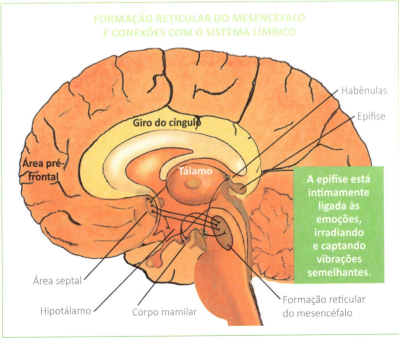

FORMAÇÃO RETICULAR

O sistema reticular se projeta, através do tálamo, para o córtex cerebral. Ao se conectar com o tálamo, liga-se ao corpo mental.

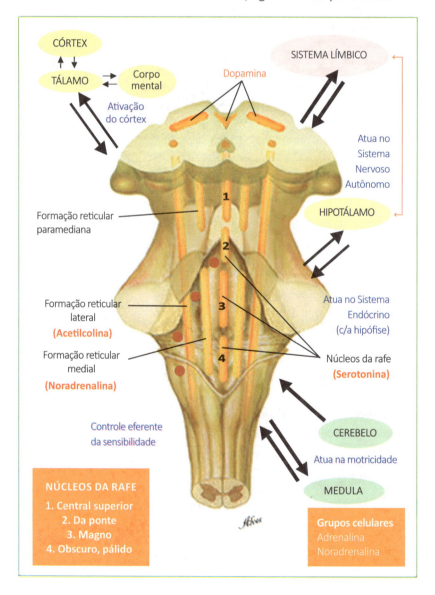

18. NÚCLEOS DA BASE

Os núcleos da base se localizam entre o córtex e o tálamo e se ligam também ao tronco cerebral. Atuam na modulação das atividades cognitivas, emocionais e motoras. Pela sua ação ativadora ou inibitória, atuam no aspecto motivacional e volitivo do Espírito.

Os principais constituintes dos núcleos da base são: corpo estriado (núcleo caudado e putâmen), globo pálido, núcleo subtalâmico e substância negra.

O corpo estriado é formado pelo núcleo caudado e pelo putâmen. É composto principalmente por neurônios GABAérgicos, inibitórios. Projeta-se para o globo pálido externo e interno. Recebe neurônios excitatórios do córtex, tálamo e substância negra (parte compacta).

O globo pálido pode ser dividido em duas estruturas, interna e externa. Ambas possuem neurônios GABAérgicos, mas apresentam funções diferentes em diferentes circuitos neuronais.

A substância negra do mesencéfalo possui neurônios dopaminérgicos e mantém conexões com o corpo estriado, estimulando a ação dos neurônios inibitórios.

O núcleo subtalâmico tem ação excitatória através do glutamato. Se liga com o globo pálido interno.

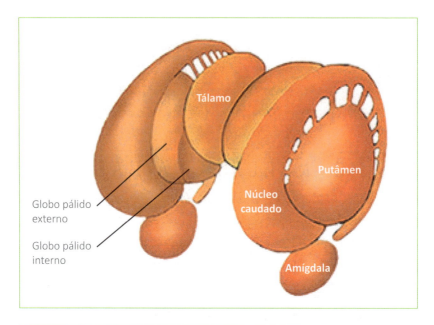

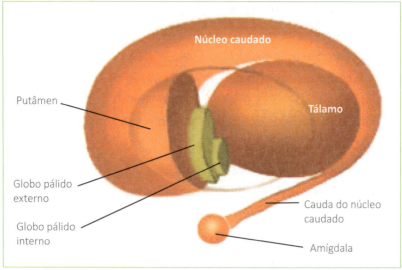

Dois circuitos podem ser didaticamente separados: o circuito básico e o circuito subsidiário.

a) Circuito Básico: o tálamo envia fibras para o córtex cerebral, que envia fibras para o estriado (núcleo caudado e putâmen). A partir daí, fibras partem para o globo pálido, que interconecta-se com o tálamo (núcleo ventral anterior e ventral lateral). O tálamo envia fibras para o córtex cerebral, fechando o circuito básico. Em todo esse processo, está presente o corpo mental, sede da alma.

b) Circuito Subsidiário: o estriado se comunica com a substância negra e com o globo pálido. O globo pálido, por sua vez, comunica-se com o subtálamo.

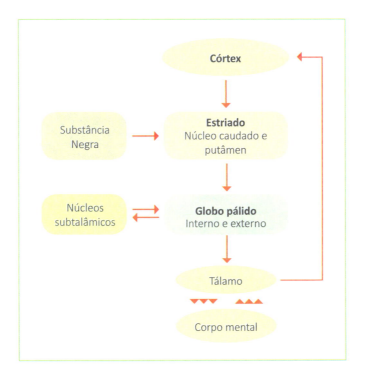

A **substância negra** pertence, anatomicamente falando, ao mesencéfalo. Pode ser dividida em duas partes cujas conexões e neurotransmissores são distintos:

Porção compacta – cujo neurotransmissor é a dopamina e mantém conexões com os núcleos da base (essencialmente putâmen e núcleo caudado).

Porção reticular – utiliza como neurotransmissor o GABA e mantém conexões preferenciais com o tálamo. Tem continuidade anatômica com o globo pálido.

O **núcleo subtalâmico** pertence ao subtálamo e possui um neurotransmissor excitatório, o glutamato. Participa de todas as informações que ligam o córtex aos núcleos da base.

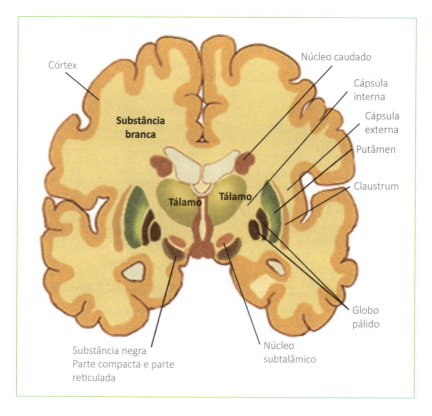

Percebemos que os núcleos da base estão entre o tálamo e o córtex, intermediando muitas conexões.

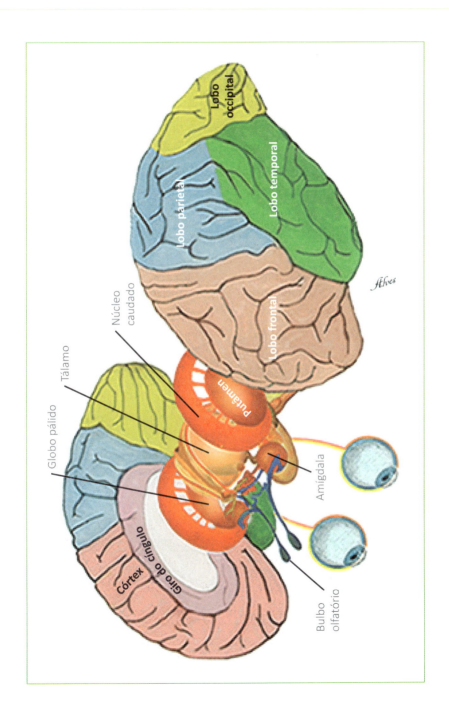

ESQUEMA DOS CIRCUITOS DOS NÚCLEOS DA BASE

Os núcleos da base possuem múltiplas ligações com o tálamo e o córtex cerebral, formando um circuito:

Tálamo [corpo mental] – córtex – núcleos da base – tálamo, que influencia o comportamento motor, cognitivo e emocional. Sua ação ativadora ou inibitória mantém o equilíbrio em todos os circuitos.

O tálamo, como vimos, mantém íntima correlação com o corpo mental e, portanto, com o Espírito.

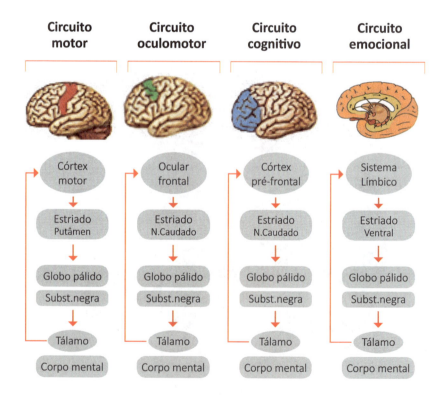

19. TELENCÉFALO

O telencéfalo é constituído pelos dois hemisférios cerebrais, direito e esquerdo, e encobre quase totalmente o diencéfalo. Os dois hemisférios estão ligados entre si por uma camada de fibras chamada corpo caloso.

Como já vimos, a superfície do cérebro do homem e de vários animais apresenta depressões denominadas sulcos, que delimitam os giros cerebrais. Os sulcos ajudam a delimitar os lobos, que se denominam: frontal, temporal, parietal e occipital.

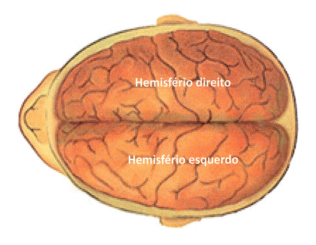

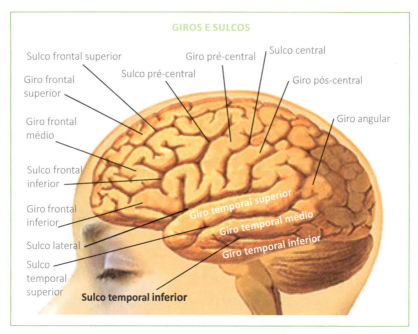

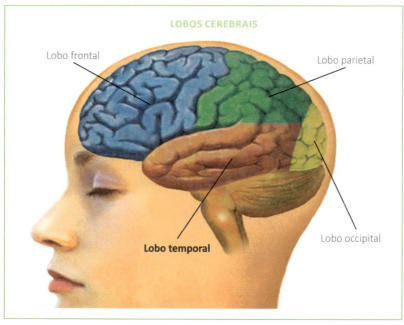

CÓRTEX CEREBRAL

Nosso principal objetivo ao estudar o córtex é compreender o funcionamento do cérebro ao receber as informações, associar e processar, transformando assim informações sensoriais em atividade psíquica.

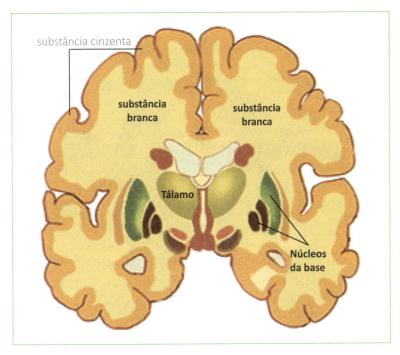

O córtex cerebral é uma fina camada de substância cinzenta, com espessura entre 2 a 5 mm, envolvendo toda a superfície do cérebro e revestindo o centro branco.

A chamada substância branca é formada por fibras de neurônios ou axônios que conectam o córtex a outras áreas do encéfalo.

O córtex é constituído de dois grupos de células de acordo com a função exercida: os neurônios e as células da glia, também chamadas neuróglia ou apenas glia.

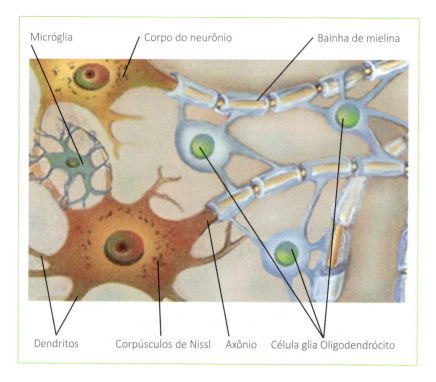

O neurônio é a unidade fundamental do sistema nervoso. Altamente excitável, tem a função de receber, processar e enviar informações.

As células gliais (glia, do grego, significa cola) tem a função de sustentação, revestimento e isolamento, nutrição e defesa dos neurônios. Elas diferem em forma e função; são elas: oligodendrócitos, astrócitos, células de Schwann, células ependimárias e micróglia.

Descobertas recentes indicam que as células gliais também participam nas transmissões sinápticas, regulando a liberação de neurotransmissores.

Chegam, ao córtex, impulsos provenientes de todas as vias sensitivas que, como vimos, passam primeiro pelo tálamo (exceção do olfato), que as associam às estruturas mentais do corpo mental, estruturas essas construídas nos milênios da evolução do Espírito. As informações retornam ao tálamo e seguem às respectivas áreas do córtex, conforme já citado. No córtex, tornam-se conscientes e são interpretadas e reprocessadas, criando-se novas estruturas mentais a partir das estruturas anteriores que são ampliadas em níveis cada vez mais superiores.

Há três tipos básicos de neurônios:

Sensitivos (receptores), que reagem a estímulos exteriores.

Associativos ou conectores (ou interneurônios), que ligam neurônios entre si.

Motores (efetuadores), que transmitem o sinal ordenado pelo encéfalo ou pela medula espinhal.

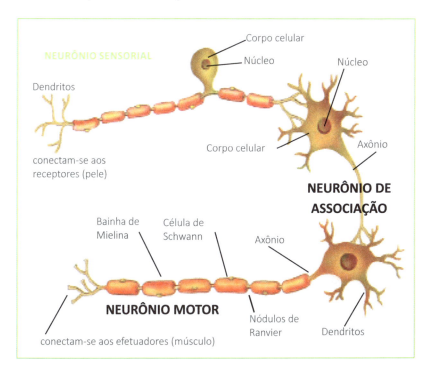

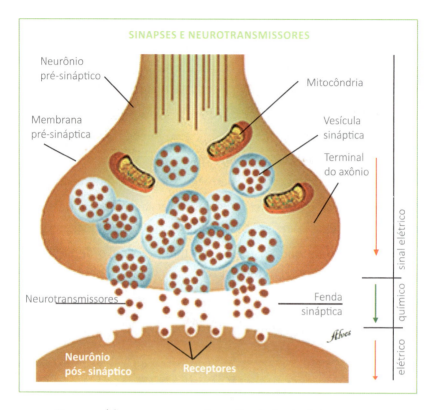

    Sinapse (do grego synapsis, ação de juntar) é o nome que se dá ao evento de comunicação celular que ocorre entre a extremidade do axônio e a superfície de outras células, que podem ser neurônios, células musculares, sensoriais ou glandulares.

    O pequeno espaço entre elas é chamado de fenda sináptica, local onde é liberado o neurotransmissor que, ao se ligar aos receptores do neurônio pós-sináptico, promove a transmissão do impulso nervoso de uma célula a outra.

    O estímulo que gera o impulso nervoso deve ser forte o suficiente, acima de determinado valor crítico (estímulo limiar), que varia entre os diferentes tipos de neurônios, para induzir a despolarização que transforma o potencial de repouso em potencial de ação. Abaixo desse valor crítico, não ocorre a transmissão. Costuma-se afirmar que o neurônio obedece à regra "tudo ou nada". Daí a necessidade de fortes estímulos na área da educação. As aulas devem ser dinâmicas, ativas, vivificantes, para despertar e manter o interesse do aluno. A atenção é mantida quando vivenciamos experiências significativas num clima emocional que possa enriquecer o aprendizado.

As sinapses podem ser químicas ou elétricas, em função do tipo de sinal que passará pela célula pré-sináptica e pós-sináptica. As sinapses químicas, as mais comuns, utilizam mediadores químicos, os neurotransmissores, que medeiam o sinal químico de uma célula pré-sináptica passando pela fenda para uma célula pós-sináptica.

As sinapses elétricas transferem informações diretamente da corrente elétrica entre a célula pré-sináptica e a pós-sináptica. São muito úteis quando a velocidade e a precisão na transmissão do impulso são fundamentais, como, por exemplo, no músculo cardíaco.

Os neurotransmissores são substâncias químicas que permitem a passagem do impulso nervoso de um neurônio para outro. São sintetizados no corpo do neurônio e armazenados nas vesículas sinápticas. Após sua utilização na fenda sináptica, o neurotransmissor pode ser metabolizado ou recapturado pela terminação sináptica e armazenado novamente nas vesículas sinápticas.

Diferentes tipos de células secretam diferentes neurotransmissores. Os principais neurotransmissores são os seguintes:

- A **serotonina** é uma substância sedativa e calmante, melhorando o humor de um modo geral. A falta da mesma pode causar ansiedade, depressão, agressividade e transtorno obsessivo-compulsivo.

- A **dopamina** controla níveis de estimulação e controle motor. Proporciona energia e disposição. A doença de Parkinson está ligada à degeneração de neurônios dopaminérgicos oriundos da substância negra. A esquizofrenia está ligada ao excesso de dopamina, causando excessiva estimulação nos lobos frontais.

- A **noradrenalina** está associada à excitação física e mental, proporcionando energia, disposição e promovendo o bom humor. Também está ligada aos processos de atenção, aprendizagem e memória.

- A **acetilcolina** é responsável por mediar a sinapse rápida em todas as junções neuromusculares. Também está envolvida em muitos comportamentos, bem como atenção, aprendizado e memória.

- O ácido **GABA** é o principal neurotransmissor inibitório do encéfalo. Responsável pela coordenação dos movimentos e sintonia fina. Existe hipótese de que sua deficiência pode levar a algumas formas de esquizofrenia.

- O **glutamato** desempenha um papel chave na potenciação de longa duração e é importante para o aprendizado e a memória.

- A amina **histamina** também é identificada como um neurotransmissor potente para a vasodilatação, liberado em respostas alérgicas. Está envolvido na resposta inflamatória anafilática e na resposta alérgica.

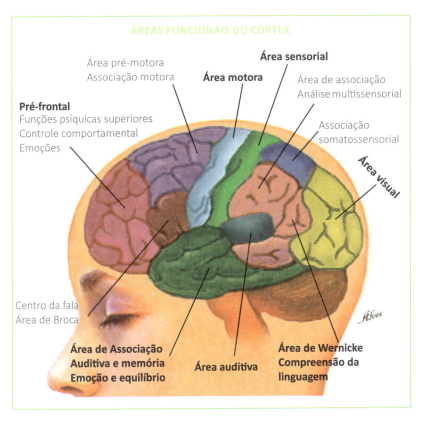

Paul Pierre Broca, cirurgião francês, por volta de 1870, relacionou lesões em áreas do córtex com a perda da linguagem falada (área de Broca), abrindo caminho para outras pesquisas sobre as localizações funcionais no córtex.

Mais ou menos na mesma época, o neurologista e psiquiatra alemão, Karl Wernicke, descobriu uma área similar no lobo temporal, que, quando lesada, levava a um déficit sensorial da linguagem, ou seja, o paciente era incapaz de reconhecer palavras faladas, mesmo quando tivesse sua audição intacta. Wernicke postulou que esta área era conectada à área de Broca, formando assim um sistema responsável pela compreensão e expressão da linguagem falada.

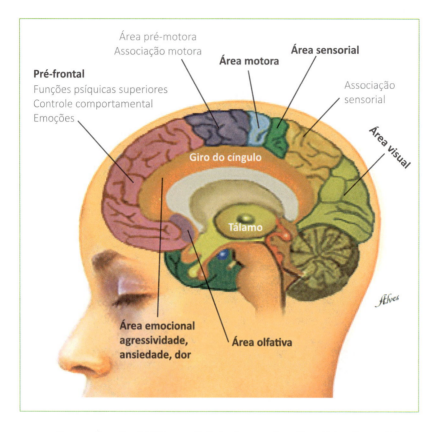

Por volta de 1870, os fisiologistas alemães Fritschy e Hitzig aprimoraram o conhecimento sobre a localização das funções cerebrais, estimulando certas regiões com eletricidade, na superfície do cérebro de cães acordados.

Korbinian Brodmann (1868-1918), neurologista e psiquiatra alemão, dividiu e numerou 47 áreas do córtex, baseado na organização dos neurônios e suas diferentes funções.

Muitos estudos surgiram após essa divisão e, embora as áreas tenham sido discutidas, debatidas e até renomeadas exaustivamente por quase um século, elas continuam a ser as mais conhecidas e frequentemente citadas na organização citoarquitetural do córtex humano.

Os mapas das páginas seguintes procuram mostrar as principais dessas áreas.

Alexander Romanovich Luria (1902-1977), famoso neuropsicólogo soviético, propôs uma divisão funcional do córtex em três partes, baseada no seu grau de relacionamento com a motricidade e com a sensibilidade.

Áreas primárias são aquelas ligadas diretamente à sensibilidade e à motricidade, ou seja, às áreas de projeção.

Áreas de associação secundárias, que se conectam predominantemente com a área primária da mesma função.

As áreas terciárias estão envolvidas com atividades psíquicas superiores como a memória, processos simbólicos e o pensamento abstrato.

As modernas técnicas de neuroimagens, como a tomografia computadorizada (TC) e a ressonância magnética (RM), têm contribuído para o entendimento sobre as estruturas e o funcionamento cerebral, tanto para a área pedagógica, psicológica quanto para o diagnóstico de doenças neurológicas que causam sintomas psiquiátricos.

Outra contribuição de Luria foi em relação ao conceito de neuroplasticidade, abrindo um campo de estudos a respeito da reabilitação cognitiva a partir da transformação dos neurônios, através de estímulos ambientais. É considerado o fundador da Neuropsicologia.

PLASTICIDADE NEURAL

A pedagogia, psicologia e neurologia têm especial interesse no estudo da plasticidade neural ou neuroplasticidade, que corresponde à capacidade de alterações estruturais em resposta a experiências e estímulos repetidos.

A aprendizagem pode levar a alterações estruturais do cérebro, graças à enorme capacidade de organização ou reorganização das áreas associativas cerebrais. A cada nova experiência do indivíduo, redes de neurônios são rearranjadas, sinapses são reforçadas ou multiplicadas.

Nesse estudo, podemos observar a íntima relação entre educação, psicologia clínica, neurologia e psiquiatria.

A educação em seu significado mais profundo, a educação do Espírito, surge, pois, como importante elemento na recuperação da saúde mental e física.

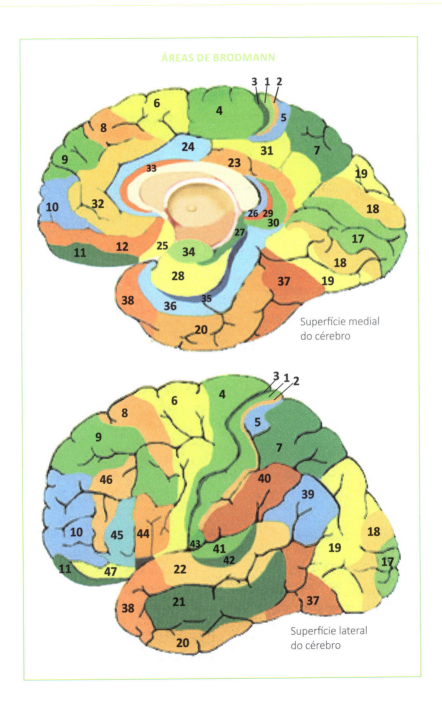

ÁREAS DE BRODMANN

As áreas de Brodmann foram inicialmente definidas e numeradas pelo anatomista alemão Korbinian Brodmann. Publicadas em 1909, foram, desde então, relacionadas às diversas funções do córtex, conforme citado abaixo:

Áreas 3,1,2 - lobo parietal, giro pós-central. Área somatossensorial primária: tato, temperatura, posição das partes do corpo e dor.

Áreas 4 - lobo frontal, giro pré-central. Área motor primário. Área do homúnculo motor de Penfield.

Área 5 - parte do córtex parietal. Área de associação somatossensorial.

Área 6 - córtex frontal pré-motor. Planejamento de movimentos complexos coordenados. Planejamento de ações motoras e controle bimanual.

Área 7 - córtex parietal - Coordenação viso-motora. Ponto de convergência entre visão e propriocepção. Localização de objetos no espaço.

Área 8 - parte do córtex frontal - motor secundário. Planejamento de movimentos complexos, especialmente movimentos dos olhos.

Áreas 9, 10 e 11 - córtex pré-frontal. Funções psíquicas superiores, raciocínio, planejamento, julgamento, tomada de decisões.

Área 12 - área numerada para o cérebro do macaco. No cérebro humano, podemos considerá-la como parte do córtex pré-frontal.

Área 13, 14, 15 e 16 - são subdivisões do córtex definidas no macaco, sem correspondente no homem.

Área 17 - parte do lobo occipital. Córtex visual primário.

Área 18 e 19 - córtex de associação visual.

Área 20 - giro temporal inferior. Processamento visual e memória de reconhecimento.

Área 21 - giro temporal médio. Córtex de associação auditiva. Participa do processamento auditivo e linguagem.

Área 22- giro temporal superior. Córtex de associação auditiva secundária. A parte posterior corresponde à área de Wernicke, processamento da linguagem. No hemisfério direito, corresponde à percepção do som, intensidade, melodia, afinação, bem como a pronúncia correta das palavras.

Área 23- parte do giro do cíngulo, componente do sistema límbico ligado às emoções.

Área 24- parte do giro do cíngulo, componente do sistema límbico ligado às emoções. Também ligada ao livre-arbítrio, segundo Francis Crick.

Área 25- ligada a algumas partes do córtex frontal relacionadas à autoestima. Envolve áreas ligadas ao transporte de serotonina. Liga-se ao hipotálamo e ao tronco cerebral, influenciando o apetite e o sono, à amígdala e à ínsula, afetando o humor e a ansiedade, ao hipocampo, desempenhando um papel na formação da memória.

Área 26- ístimo do giro do cíngulo. É um componente cortical do sistema límbico, ligado às emoções.

Áreas 27, 28 e 34 são partes do rinencéfalo, promovendo a recepção, condução e integração das sensações olfatórias.

Área 27- lobo temporal medial (córtex entorrinal). Formação hipocampal ligada à memória declarativa de curto prazo. Parte do córtex olfativo.

Área 28- córtex entorrinal, rede de memória e navegação. Memória autobiográfica, declarativa, episódica e espacial. Formação e consolidação da memória e otimização da memória do sono. Parte do córtex olfativo.

Área 29- ístimo do giro do cíngulo. Trata-se de um componente da integração associativa do sistema límbico ligado às emoções.

Área 30- também localizada no ístimo do giro do cíngulo. Participa na integração associativa do sistema límbico.

Área 31- ocupa porções do giro do cíngulo posterior e medial do lobo parietal. Participa da integração límbica e parietal.

Área 32- área do cíngulo anterior, ao lado da área frontal. Processamento emocional e cognitivo.

Área 33- estreita faixa no giro do cíngulo anterior, portanto, parte do sistema límbico.

Área 34- corresponde à principal área do córtex olfativo e também é um componente da área entorrinal- memória e navegação.

Área 35- lobo temporal medial. Área perirhinal, envolvida em percepção visual e memória.

Área 36- córtex para-hipocampal. Juntamente com a área 35, corresponde ao córtex perirhinal. Envolvido em percepção visual e memória.

Área 37- giro occipitotemporal lateral. Relaciona-se com a área de associação visual. Participa da análise da forma visual, movimento e representação de objetos.

Área 38- giro temporal superior, ligado a processos referentes a respostas emocionais. É uma das áreas afetadas pela doença de Alzheimer.

Área 39- lobo parietal. Giro angular. Está ligada à afasia ou distúrbios da linguagem. Fica ao lado da área de Wernicke, com a qual se relaciona.

Área 40- giro supramarginal. Parte do sistema de neurônios espelho, área ativa durante a imitação. Área envolvida na leitura, tanto em relação ao significado quanto à fonologia. Relaciona-se com a área de Wernicke.

Área 41 e 42- córtex auditivo primário. Recebe a entrada direta do núcleo geniculado medial do tálamo.

Área 43- corresponde ao córtex gustativo- início da fissura de Rolando.

Áreas 44 e 45- área de Broca relacionada com a fala. Em 90% das pessoas, as atividades da fala se localizam no hemisfério esquerdo. Descobertas recentes sugerem a implicação desta área na percepção musical.

Área 46- córtex pré-frontal dorsolateral . Relaciona-se com a atenção e memória de trabalho ou memória de curto prazo. Experiências recentes também sugerem que a área está ligada à capacidade de fazer julgamentos sobre o que é relevante bem como com o autocontrole.

Área 47- giro frontal inferior. Relaciona-se com o processamento de sintaxe em linguagem falada e de sinais, bem como na sintaxe musical.

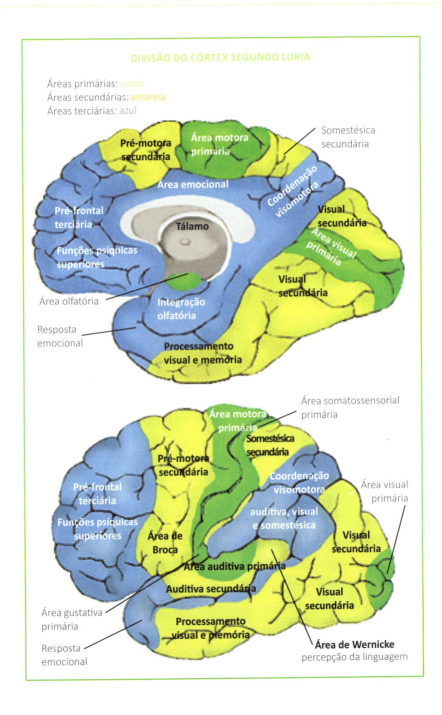

CLASSIFICAÇÃO FUNCIONAL DO CÓRTEX SEGUNDO ALEXANDER R. LURIA

Áreas primárias (verde): as áreas de projeção, ligadas diretamente à sensibilidade e à motricidade.

Áreas secundárias (amarela): são áreas de associação que ainda estão relacionadas, direta ou indiretamente, com determinadas áreas de sensibilidade ou motricidade. São também chamadas unimodais. Suas conexões se fazem, principalmente, com a área primária de mesma função. Por exemplo, a área de associação (secundária) visual recebe fibras, predominantemente, da área visual primária ou da área de projeção visual.

Áreas terciárias (azul): também chamadas supramodais, relacionam-se principalmente com as funções psíquicas superiores, não se ocupando mais do processamento motor ou sensitivo primário. Mantêm conexões com as áreas unimodais ou com outras áreas supramodais.

ÁREAS DE PROJEÇÃO PRIMÁRIA

Podem ser divididas em duas grandes áreas: sensitivas e motoras.

ÁREAS MOTORAS DO CÓRTEX

Área motora primária – área 4 de Brodmann, na região do giro pré-central. Estímulos elétricos aplicados nessa região provocam o aparecimento de movimentos em partes específicas da metade oposta do corpo. Estímulos na porção mais baixa do giro produzem movimentos da língua; um ponto acima, movimentos da face; depois, movimentos do braço, até chegar à face medial do hemisfério, onde estimulações provocarão movimentos da perna e do pé.

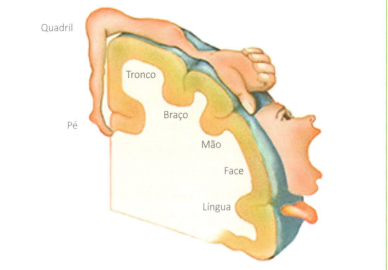

Homúnculo segundo Penfield e Rasmussen, representando as partes do corpo nas áreas motoras. O tamanho da área representada na figura acima corresponde à delicadeza dos movimentos realizados pelos grupos de músculos aí localizados.

ÁREAS SENSITIVAS DO CÓRTEX

Área somestésica (somatossensorial primária) – situa-se na área 3,1,2 de Brodmann, na região do giro pós-central. Nesta região, chegam fibras de neurônios situados no tálamo, que trazem as informações somáticas da metade oposta do corpo e da cabeça.

Área visual primária – situa-se na área 17 de Brodmann. O córtex visual primário de cada hemisfério cerebral recebe informações procedentes do campo visual contralateral, via tálamo. Cada parte da retina se projeta para uma parte específica do córtex cerebral.

Área auditiva primária – situa-se no giro temporal transverso anterior – áreas 41 e 42 de Brodmann. Sons de diferentes frequências chegam a partes diferentes do córtex auditivo. Lesões nessa área dificilmente causam surdez, porque as vias auditivas, apesar de cruzarem a linha média, têm um grande componente ipsilateral (do mesmo lado), ou seja, fibras que não se cruzam e que irão atingir o córtex auditivo do mesmo lado.

A área olfatória localiza-se na área 34 de Brodmann. Grande em alguns animais, ocupa, no homem, apenas uma pequena área.

A área gustativa situa-se na porção mais inferior do giro pós--central (área 43 de Brodmann), junto à área somática da língua.

ÁREAS DE ASSOCIAÇÃO SECUNDÁRIAS

As áreas secundárias estão diretamente conectadas às áreas de projeção e são unimodais, ou seja, estão ainda relacionadas com uma modalidade sensorial ou com a motricidade.

As áreas secundárias recebem aferências principalmente das áreas primárias e repassam essas informações a outras áreas do córtex cerebral.

ÁREAS DE ASSOCIAÇÃO SECUNDÁRIA SENSITIVAS

A área somestésica secundária corresponde à área 5 de Brodmann, no lobo parietal superior.

A área auditiva secundária corresponde à área 22 de Brodmann, que circunda a área auditiva primária.

A área visual secundária é mais extensa e abrange as áreas 18 e 19 no lobo occipital e ainda as áreas 20, 21 e 37 no lobo temporal.

As lesões das áreas secundárias não causam déficits sensoriais simples, mas levam às chamadas agnosias (desconhecimento). Por exemplo: lesão da área visual secundária não provoca cegueira, mas produz uma agnosia visual, ou seja, o indivíduo será capaz de enxergar um objeto posto diante de seus olhos, mas não conseguirá reconhecer o objeto. Como as outras modalidades sensoriais estão intactas, poderá reconhecer através do tato ou da audição. Há também agnosias auditivas e somestésicas.

As áreas corticais secundárias, também chamadas áreas gnósicas, são importantes numa segunda etapa no processo de percepção sensorial. Elas recebem as informações já elaboradas vindas das áreas primárias e interagem com as áreas terciárias e áreas corticais límbicas, envolvidas nos processos de memória.

Outro aspecto relevante refere-se a sua assimetria funcional. Dessa maneira, lesões nessas áreas no hemisfério esquerdo provocam sintomas diversos daqueles do hemisfério direito. Por exemplo, lesões na área auditiva secundária do lado esquerdo podem levar a dificuldades na percepção dos sons da linguagem (afasia), enquanto que, no lado direito, provocam distúrbios na percepção dos sons musicais (amusia).

ÁREAS DE ASSOCIAÇÃO SECUNDÁRIA MOTORAS

A região cortical adjacente à área motora primária é uma área motora secundária. Essa região corresponde a partes das áreas 6 e 8, além da área 44 de Brodmann.

A área motora secundária é importante para o planejamento motor. Antes do início de um movimento voluntário é possível registrar uma alteração da atividade elétrica nessa região. Há um aumento do fluxo sanguíneo na área motora suplementar – parte da área 6 – quando se pede para um indivíduo pensar em um movimento sem, no entanto, executá-lo.

Uma porção da área motora secundária é a área de Broca, importante para a linguagem.

ÁREAS DE ASSOCIAÇÃO TERCIÁRIAS

As áreas terciárias estão conectadas com as áreas secundárias e com as áreas límbicas e são multimodais, ou seja, não se ocupam mais do processamento sensorial ou motor. Estão envolvidas com as atividades psíquicas superiores, como o pensamento abstrato ou os processos que permitem a simbolização.

Existem duas áreas terciárias. A primeira situa-se na confluência temporal parietal, enquanto a segunda está localizada na porção anterior do lobo frontal, a chamada área pré-frontal.

Estas áreas promovem a integração sensorial e motora e estão envolvidas nos processos motivacionais. Ocupam o topo da hierarquia das funções corticais. A elas chegam as informações elaboradas nas áreas sensoriais primárias e nas áreas secundárias.

São encarregadas de elaborar as estratégias comportamentais, enviando instruções às áreas motoras secundária e primária.

A área temporal parietal equivale às áreas 39, 40 e parte da área 7 de Brodmann. Há uma integração entre as diferentes modalidades sensoriais (auditiva, visual e somestésica), o que seria importante para o processo de simbolização e o aparecimento da linguagem, bem como para a percepção espacial.

Recebe fibras das regiões unimodais e interage com a área pré-frontal e com o córtex límbico.

A área pré-frontal, que corresponde às áreas 45, 46, 47, 8, 9, 10, 11 e 12 de Brodmann, é extremamente bem desenvolvida no cérebro humano, onde ocupa cerca de 1/4 da superfície total do córtex. Recebe fibras de todas as áreas unimodais, da área terciária temporal parietal e tem conexões com estruturas límbicas (corticais e subcorticais) e com o tálamo.

Muitos neurônios respondem à estimulação de mais de uma modalidade sensorial e podem estar envolvidos com aspectos motivacionais.

Muitos pacientes com lesão pré-frontal exibem incapacidade de concentração, de fixar voluntariamente a atenção. Alguns não respondem a estímulos externos nem a necessidades internas do organismo, enquanto outros podem exibir euforia e aumento da atividade. Têm dificuldade de mudar as estratégias comportamentais, tendendo a preservar um comportamento já iniciado (perseveração). A capacidade de julgamento e previsão está alterada, fazendo com que tenham comportamentos inadequados, ou seja, existe uma incapacidade de projetar as consequências das próprias ações ao longo do tempo.

Podem aparecer ainda alterações emocionais, em que o indivíduo parece ser incapaz de reações adequadas, ou seja, os estímulos, tanto internos quanto externos, não desencadeiam mais respostas e sentimentos emocionais.

Resumindo: a área pré-frontal desempenha um papel extremamente importante no planejamento, execução e modificação das estratégias de comportamento mais adequadas para fazer frente às diferentes situações do cotidiano e, principalmente, na construção de novas estruturas mentais.

O Espírito Calderaro afirma sobre os lobos frontais, na obra *No Mundo Maior*, Espírito André Luiz, Francisco C. Xavier:

"(...) Nos planos dos lobos frontais, silenciosos ainda para a investigação científica do mundo, jazem materiais de ordem sublime, que conquistaremos gradualmente, no esforço de ascensão, representando a parte mais nobre de nosso organismo divino em evolução. (...)"

A área pré-frontal mantém conexões recíprocas com o núcleo dorsomedial do tálamo, e, através deste, com o corpo mental, sede da mente. É principalmente através desta área que o Espírito governa o vasto sistema físico e mental e realiza suas escolhas que determinam seu futuro evolutivo, dentro das leis de causa e efeito.

Ainda fazem parte das áreas de associação terciárias as áreas corticais ligadas ao sistema límbico, como o giro do cíngulo, giro para-hipocampal e o hipocampo.

Áreas relacionadas com a linguagem:

Duas áreas corticais estão relacionadas com a linguagem, a área de Broca e a área de Wernicke.

A área de Broca está relacionada com os aspectos da expressão da linguagem, enquanto a área de Wernicke se ocupa de sua percepção.

Lesões situadas nessas áreas provocam o aparecimento de afasias, ou seja, uma incapacidade do indivíduo de se comunicar através da linguagem verbal, embora os mecanismos periféricos tanto sensitivos como motores necessários para esta comunicação estejam intactos.

Há, portanto, dois tipos básicos de afasia – motora e sensitiva.

Na afasia motora, com lesão na área de Broca, o paciente é capaz de compreender a linguagem falada ou escrita, mas não consegue se expressar de forma adequada. É uma afasia de expressão.

Uma lesão na área de Wernicke resulta em uma incapacidade de reconhecer a palavra escrita ou falada, o que se reflete na linguagem – fala sem nenhum sentido. É uma afasia de percepção ou sensitiva.

AS CAMADAS DO CÓRTEX

A maior parte do córtex (isocórtex) é formada por seis camadas de diferentes tipos de neurônios:

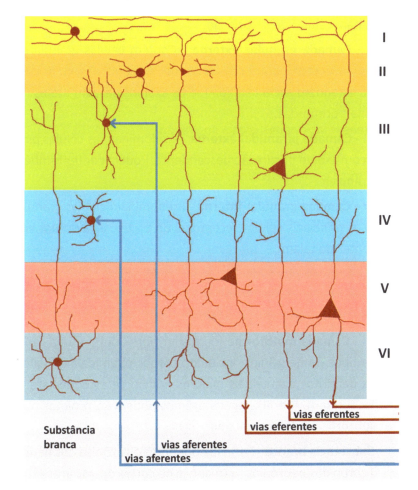

As vias aferentes procedem das áreas subcorticais, especialmente do tálamo, que mantém contato com o corpo mental.

As vias eferentes são efetuadoras, sendo que muitas delas se dirigem ao tálamo, via núcleos da base, mantendo o circuito:

corpo mental - tálamo - córtex - núcleos da base - tálamo - corpo mental.

AS SEIS CAMADAS DO CÓRTEX

I - Camada molecular - Contém poucos corpos de neurônios e muitos axônios que correm na horizontal, à superfície do córtex. Predominam células de associação.

II - Camada granular externa - Contém células granulares, mas também podem conter células piramidais pequenas, cujos dendritos se estendem até a camada I, e os axônios descem até as camadas mais profundas.

III - Camada piramidal externa - Predominam as células piramidais, com axônio de direção descendente. Podem conter também célula granular.

IV - Camada granular interna - Predominam células granulares. São as principais células receptoras do córtex, através das vias ascendentes do tálamo.

V - Camada piramidal interna - Predominam as células piramidais médias e grandes. Os dendritos se estendem para as camadas acima, e os axônios se projetam para as áreas subcorticais.

VI - Camada multiforme (ou fusiforme) - Contém uma variedade de tipos de neurônios, incluindo corpos piramidais e fusiformes. Os dendritos das células maiores podem se estender até as camadas acima (I, II e III). Alguns axônios podem se projetar para áreas subcorticais, como o tálamo.

Substância branca - Formada por fibras ou axônios dos neurônios. O corpo dos neurônios permanece no córtex ou nas áreas subcorticais especializadas.

20. SISTEMA PSÍQUICO

A Doutrina Espírita abre um campo vasto de estudos da mente, baseado principalmente no inconsciente profundo, arquivo milenar de experiências evolutivas, onde nada se perde, mas tudo se aprimora, permanecendo indelével no chamado corpo mental.

Temos assim um verdadeiro sistema psíquico formado por complexa estrutura mental, dinâmica em sua essência, mas em constante transformação e, portanto, vulnerável, sujeita a desequilíbrios.

Compreendemos, pois, que toda a conquista realizada por intermédio do cérebro, ou seja, da fisiologia, transforma-se em **vida psíquica**, arquivada no corpo mental, que, segundo o Espírito André Luiz, é o envoltório sutil da mente.

A educação, em seu verdadeiro e profundo significado, trata exatamente da construção dessas estruturas mentais em seu amplo aspecto, que podemos dividir em cognitivas (inteligência, conhecimento), afetivas (emoções e sentimentos) e volitivas (vontade).

Os mecanismos da aprendizagem e da memória também estão relacionados a processos responsáveis pela atenção, percepção, motivação e pensamento.

Lembramos aqui que, do ponto de vista da Doutrina Espírita, sabemos que é o Espírito quem pensa, sente e age, embora vários processos neuropsicológicos estejam envolvidos. O cérebro processa, armazena e recupera as informações aprendidas de diversas formas, adequando-as às necessidades do Espírito.

MEMÓRIA

Memória é a capacidade de adquirir, armazenar e recuperar (evocar) informações ou conhecimentos. Podemos afirmar também que é a faculdade de reter e recordar impressões e conhecimentos adquiridos anteriormente.

Existem vários sistemas para classificar os processos da memória. Um deles é baseado na duração de tempo e envolve três estágios básicos: memória sensorial, memória de curto prazo e memória de longo prazo.

A **memória sensorial** é um sistema de memória que, através da percepção pelos órgãos dos sentidos, retém, por alguns segundos, a imagem da informação sensorial recebida. Ela é responsável pelo processo inicial da informação sensorial e sua codificação.

A **memória de curto prazo** ou memória primária, como foi definida por William James, recebe as informações já codificadas pelos mecanismos de reconhecimento de padrões da memória sensorial e retém essas informações por algum tempo ou alguns minutos para que estas sejam utilizadas, organizadas, armazenadas ou descartadas.

A **memória de longo prazo** recebe as informações da memória de curto prazo e as armazena, possibilitando o seu resgate quando necessário. Possui capacidade ilimitada de armazenamento, por tempo também ilimitado. Pode durar dias, meses, anos ou décadas.

A memória também é classificada em duas categorias: memória declarativa e de procedimento (não declarativa).

A **memória declarativa** ou **explícita** é aquela que pode ser declarada (nomes, acontecimentos, fatos, etc.). Essas memórias chegam ao nível consciente.

Esse tipo de memória está associado com as estruturas do lobo temporal medial: hipocampo e amígdala.

A memória **não-declarativa** ou **implícita** inclui procedimentos motores como andar de bicicleta, desenhar, tocar um instrumento, dirigir. Geralmente funciona em nível inconsciente. O indivíduo não se lembra como, mas sabe executar a ação. Depende dos núcleos da base, incluindo o corpo estriado e regiões do córtex sensório-motor.

No entanto, assim como Freud e outros psicanalistas perceberam, o consciente é apenas uma pequena parte da mente, incluindo tudo de que estamos cientes em um dado momento. Existem áreas da mente ou consciência menos expostas, denominadas de inconsciente.

A Doutrina Espírita, ao nos apresentar o ser humano como Espírito em evolução, revela um inconsciente mais profundo que o de Freud, desvendando a existência de uma memória profunda que alcança as vidas sucessivas através dos milênios de nossa longa jornada evolutiva, arquivada no corpo mental. Nada se perde, nem é esquecido para sempre, apenas não nos é dada tal lembrança diretamente, embora esteja atuando inconscientemente no presente.

Essa memória, sem dúvida, está gravada no corpo mental, patrimônio milenar do Espírito imortal, indelével e infinita em sua essência e capacidade.

Nesse ponto, podemos afirmar que possuímos dois tipos de memória no inconsciente profundo.

A **memória factual ou profunda**, referente aos fatos ocorridos nas múltiplas encarnações, e uma **memória construtiva**, que corresponde às estruturas mentais construídas através das experiências milenares.

A **memória factual**, dos fatos ocorridos, é arquivada em camadas de acordo com a evolução temporal, ou seja, pode-se acessar memórias de ocorrências em determinadas épocas. Semelhante à memória declarativa ou explícita, mas que está no inconsciente profundo. Está ligada à lei de causa e efeito (ou carma), definindo nossos rumos evolutivos. Tem grande importância pela experiência adquirida ou pelo resultado dessa experiência.

"... a memória pode ser comparada a placa sensível que, ao influxo da luz, guarda para sempre as imagens recolhidas pelo Espírito, no curso de seus inumeráveis aprendizados, dentro da vida. Cada existência de nossa alma, em determinada expressão da forma, é uma adição de experiência, conservada em prodigioso arquivo de imagens que, em se superpondo umas às outras, jamais se confundem." (*Entre a Terra e o Céu*, Espírito André Luiz, F. C. Xavier).

A **memória construtiva**, ou seja, as estruturas mentais, no entanto, são maleáveis e progressivas, dentro de um processo de construção mental, propriamente dito, nos moldes da Teoria de Piaget, que afirma que cada estrutura mental é construída a partir de estruturas anteriores, num processo de assimilação de novos conhecimentos e acomodação interior que resultará nas novas estruturas mentais. (Vide *Educação do Espírito*, do mesmo autor).

Exemplificando, imaginemos alguém que está aprendendo matemática: as quatro operações, equações simples, equações complexas, até cálculos avançados, integrais e diferenciais. Ora, pouco importa se ele aprendeu na Inglaterra, Espanha ou França, mas importa que ele desenvolveu suas estruturas mentais nesta área, ou seja, construiu tais estruturas em sua mente.

Embora possamos ligar a memória ao hipocampo e a outras áreas do encéfalo, a memória factual e a memória construtiva estão arquivadas no corpo mental, patrimônio indelével do Espírito. Podem ser ativadas através de estímulos que passam pelo tálamo, que acessa o corpo mental, conectando com estruturas anteriores, que retornam ao consciente em forma de tendências e aptidões.

INTELIGÊNCIA

Inteligência (do latim: intelligentia - intelligere = interligar, entender, compreender) pode ser definida como a faculdade que a alma tem de formar ideias ou raciocinar, refletir, entender, compreender o significado de algo, planejar, saber interpretar, ter percepção, discernimento, juízo, destreza, capacidade de resolver situações novas.

É importante compreender que, segundo Piaget, a inteligência é um mecanismo de adaptação a situações novas e que implica na construção de novas estruturas mentais.

O desenvolvimento da inteligência, segundo Piaget, ocorre num processo progressivo de construção de estruturas mentais. Cada nova estrutura mental é construída a partir das estruturas anteriores (como um alicerce da construção), num processo de assimilação (incorporação de experiências novas) e acomodação (mudança interior) em níveis gradualmente crescentes, num avançar progressivo, em que cada nova estrutura será a estrutura anterior de um novo

processo, onde surgem estruturas cada vez mais complexas, sempre num sentido progressivo.

Mas é preciso entender o termo estrutura, que se refere à capacidade de realização e não a conteúdos ou meros conhecimentos acumulados.

Para a grande maioria dos educadores, o móvel do processo de aprendizagem é o interesse, o querer, a vontade. Segundo Claparède e Piaget, o interesse surge de uma necessidade interior que, ao causar um desequilíbrio, leva o indivíduo a agir para se reequilibrar. A esse processo, Piaget denomina de equilibração progressiva.

Quando o indivíduo age (procedimento), dois processos fundamentais se interagem: a inteligência e o sentimento. "Todo procedimento, pois, supõe um aspecto energético ou afetivo e um aspecto estrutural ou cognitivo.". (*Psicologia da Inteligência*, cap. I, Jean Piaget).

Temos assim, as três potências da alma agindo simultaneamente: a inteligência (cognitivo), o sentimento (afetivo) e a vontade (volitivo). Mas a mola propulsora de todo esse processo é a vontade, o querer, que surge de uma necessidade.

Nos primórdios da evolução, as necessidades eram básicas e fisiológicas: alimentação, sobrevivência e procriação. À medida que o Espírito evolui, as necessidades se ampliam e se diversificam, direcionando o querer, responsável pela atenção, percepção, motivação e todos os processos envolvidos no ato de aprender.

Vygotsky destaca o aspecto social, a interação entre os indivíduos, como base da construção das estruturas mentais. Henri Wallon destaca o aspecto afetivo, indicando estágios de desenvolvimento onde o emocional predomina como base do interesse.

Note-se, pois, que o motivo é interior. No ato da motivação, o educador procura despertar o interesse, a vontade, dentro das necessidades interiores de cada estágio de desenvolvimento.

Lembremo-nos sempre de que é o Espírito quem pensa, sente e age e, no processo de construção das estruturas mentais, a volição, o querer, impulsiona a ação, onde inteligência e sentimento interagem.

Portanto, os aspectos cognitivo, afetivo e volitivo interagem simultaneamente.

Por isso, educar é uma ciência e uma arte, a arte de despertar o interesse e criar um ambiente vivificante, dinâmico, energizado emocionalmente, onde o indivíduo possa se engajar no próprio processo de aprendizagem. Um clima de aprendizagem adequada às necessidades íntimas do educando, em que a atenção e os canais perceptivos se abrem de forma a assimilar os novos conhecimentos, que serão construídos na intimidade mental do Espírito, através da aparelhagem neurofisiológica.

Não se trata apenas de criar um incentivo inicial, mas de manter todo o processo criativo vivo, dinâmico, interessante, emocionante.

A inteligência, fisiologicamente falando, está ligada à capacidade do cérebro para integrar vários tipos de processamentos e reorganizar seus circuitos neurais. Esse processo de reorganização, de novas sinapses, permite a utilização de conjuntos de neurônios para a realização de diferentes tarefas. Um mesmo neurônio pode participar de processamentos diferentes, dependendo da habilidade adquirida.

No entanto, como já vimos, o estado emocional tem grande influência sobre as áreas do cérebro ligadas às áreas de cognição elevada.

Um ambiente estimulante e sociável favorece a aprendizagem. A alegria, o entusiasmo e uma leve ansiedade, por exemplo, favorecem a aprendizagem, enquanto que a depressão, o cansaço e alguns tipos de doenças reduzem a eficiência.

Assim, podemos apontar várias áreas relacionadas ao processo de aprendizagem, direta ou indiretamente. Além das áreas terciárias pré-frontal e temporoparietal, temos as áreas do sistema límbico e a formação reticular, que ativa diversas áreas do córtex.

As informações do mundo externo entram pelos órgãos sensoriais, passam pelo tálamo e se dirigem para as áreas sensoriais primárias, passam pelas áreas sensoriais secundárias e se dirigem para as áreas de associação terciária.

Nesse processo todo, ocorre a construção de novas estruturas mentais.

No entanto, a Doutrina Espírita acrescenta nova visão ao mecanismo da aprendizagem.

Ao passar pelo tálamo que, segundo o Espírito André Luiz, corresponde à região onde se encontra o Centro Coronário, no corpo espiritual, as informações recebidas interagem com o inconsciente profundo, localizado no corpo mental. Estruturas mentais construídas em outras existências são acionadas e volvem para o consciente, manifestando-se em forma de tendências e aptidões.

A memória de fatos ocorridos, nesse caso, não é acionada, mas as estruturas mentais se manifestam. Da mesma forma que podemos não recordar das aulas e dos professores que nos ensinaram a ler, escrever, fazer cálculos, mas o aprendizado permanece. Nenhuma construção mental se perde, embora seja flexível e permita transformações constantes. As estruturas anteriores são sempre a base para a construção das novas estruturas, ensina-nos Piaget, o que a lógica e a razão nos confirmam. A Natureza não dá saltos. A Doutrina Espírita acrescenta que as estruturas anteriores incluem as construídas em vidas passadas, o que Piaget naturalmente ignorava, por faltar-lhe a chave da reencarnação.

Ao mesmo tempo, a glândula epífise irradia o pensamento em forma de ondas eletromagnéticas que sintonizam com vibrações semelhantes. Além, pois, das informações dos órgãos dos sentidos físicos, o educando recebe ainda, em forma de inspiração ou intuição, informações das esferas espirituais com que sintoniza.

Inconscientemente, estamos nos preparando para um novo patamar evolutivo, onde poderemos adquirir o "pensamento intuitivo" que nos permitirá sintonizar com o "pensamento cósmico". Esse futuro pode estar mais próximo do que imaginamos, mas será assunto de outra obra.

Embora Piaget tenha destacado a cognição, percebemos que toda a mente é construída de forma semelhante: inteligência (aspecto cognitivo), sentimento (aspecto afetivo) e vontade (aspecto volitivo) atuam sempre de forma integrada e simultânea.

Nada se perde, em definitivo, embora possam permanecer ao nível do inconsciente, mas sempre avançam num processo progressivo e majorante, num constante "vir a ser".

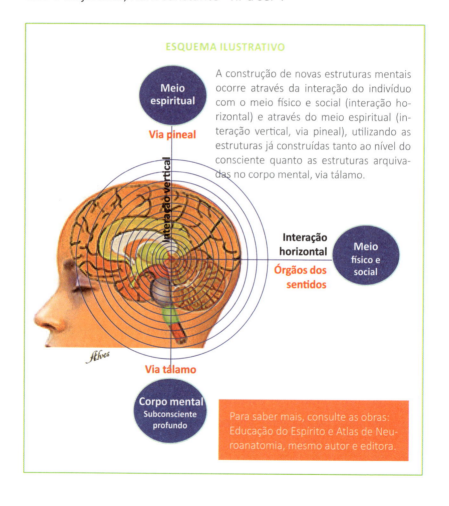

PASSADO, PRESENTE E FUTURO

Futuro
superconsciente
Presente
consciente
Passado
subconsciente

Esquema ilustrativo

No terceiro, está o ideal, a meta superior a ser alcançada, o nosso futuro, a herança Divina que nos cabe conquistar. É o **superconsciente**.

No segundo, está nosso presente, onde trabalhamos para a construção do futuro. É nosso **consciente**.

O primeiro simboliza nosso passado. É nosso **subconsciente**.

No livro **No Mundo Maior**, cap. 3, do Espírito André Luiz, psicografia de Francisco C. Xavier, o Espírito Calderaro nos informa que nosso cérebro é comparável a um castelo de três andares.

O primeiro simboliza o nosso passado, com todo o arquivo de nossas experiências anteriores. É o nosso subconsciente.

No segundo, está o nosso presente, onde estamos trabalhando atualmente para a construção de nosso futuro. É o nosso consciente.

No terceiro, está o ideal, a meta superior a ser alcançada, o nosso futuro, a herança Divina que nos cabe conquistar.

"Num deles, moram o hábito e o automatismo; no outro, residem o esforço e a vontade; e, no último, demoram o ideal e a meta superior a ser alcançada. Distribuímos, deste modo, nos três andares, o subconsciente, o consciente e o superconsciente. Como vemos, possuímos, em nós mesmos, o passado, o presente e o futuro." (**No Mundo Maior** – André Luiz, Francisco C. Xavier).

Calderaro nos informa ainda: *"Para que nossa mente prossiga na direção do Alto, é indispensável se equilibre, valendo-se das conquistas passadas, para orientar os serviços presentes, e, amparando-se, ao mesmo tempo, na esperança que flui, cristalina e bela, da fonte superior de idealismo elevado; através dessa fonte, ela pode captar, do plano divino, as energias restauradoras, assim construindo o futuro santificante."*

Segundo Calderaro, na obra citada, o Espírito está construindo o seu próprio futuro. O processo evolutivo é, pois, um processo gradual de desenvolvimento das potencialidades da alma, partindo sempre de onde a alma estava para um ponto imediatamente acima, sem dar saltos, de forma natural e gradativa.

A semelhança das ideias de Calderaro com a Teoria de Piaget é enorme.

Um estudioso da teoria de Piaget poderia contestar tal comparação alegando que, para Piaget, o conhecimento é construído durante as interações da criança com o meio, a partir do seu nascimento, negando o inatismo das ideias.

No entanto, a rapidez e a perfeição com que toda criança saudável, em meios propícios, constrói de forma tão precisa esquemas que as espécies levaram milhões de anos para construir, confirmam-nos a ideia de que o desenvolvimento da criança está repetindo o desenvolvimento das espécies.

A criança, pois, está reconstruindo, conforme os estímulos do meio, esquemas já construídos nos milênios de sua escalada evolutiva.

Dessa forma, a contradição entre as ideias inatas e a construção da inteligência é apenas aparente, pois ambas se completam para explicar a própria evolução.

Durante a gestação, a energia criadora do Espírito está reconstruindo o corpo biológico, etapa por etapa, recapitulando os milênios de esforço evolutivo.

A partir do nascimento, o Espírito estará habilitando o novo corpo ao seu funcionamento, em consonância com o próprio Espírito, e reconstruindo seus esquemas mentais, estrutura por estrutura, a partir dos reflexos inatos que, em verdade, ele reconstruiu durante a gestação.

Assim, nas primeiras fases do período sensório-motor, em poucos meses, a criança reconstrói seus primeiros esquemas, coordenando-os entre si, reconstruindo a noção de objeto, espaço, tempo e causalidade.

A observação nos mostra que os comportamentos sensório-motores são comuns a todos os seres humanos saudáveis. Da mesma forma, a capacidade simbólica do período pré-operatório é comum a todos, embora apareça empobrecida por falta de estimulação. Todos os seres humanos já venceram essas etapas nos milênios da evolução.

A partir daí, no entanto, surgem diferenças consideráveis no processo de construção de esquemas. A maior ou menor facilidade para certas áreas do conhecimento, as habilidades demonstradas, as tendências e aptidões naturais nos falam das experiências passadas.

Estão claros os pontos de contato da Doutrina Espírita com a Teoria de Piaget, com a ressalva de que a Doutrina Espírita amplia consideravelmente o conceito de interação, tanto ao nível do inconsciente profundo como no sentido espiritual.

21. O PENSAMENTO

André Luiz afirma que tudo é fruto do pensamento, chegando ao extremo de afirmar que interpreta *"o Universo como um todo de forças dinâmicas, expressando o Pensamento do Criador."*

"Nos fundamentos da Criação vibra o pensamento imensurável do Criador e sobre esse plasma divino vibra o pensamento mensurável da criatura, a constituir-se no vasto oceano de força mental em que os poderes do Espírito se manifestam." (*Mecanismos da Mediunidade*, Espírito André Luiz, Francisco C. Xavier, item 3).

ENERGIA MENTO-ELETROMAGNÉTICA

O pensamento, sem dúvida, é um instrumento sutil da vontade do Espírito. É o Espírito quem pensa, sente e age, utilizando o cérebro como instrumento de sua vontade.

Se a palavra representa o pensamento em forma de ondas sonoras, o pensamento em si se irradia em forma de ondas de natureza eletromagnética.

De acordo com a força da vontade ou o grau de excitação, a onda mental se irradia em comprimento e frequência correspondente.

O Espírito Emmanuel nos afirma que *"o pensamento é força eletromagnética. Pensamento, eletricidade e magnetismo conju-*

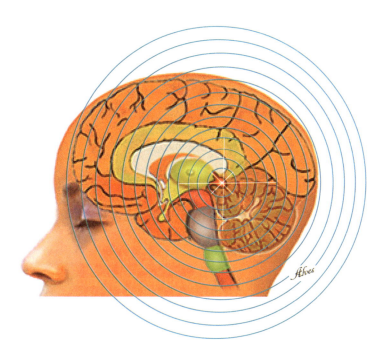

gam-se em todas as manifestações da Vida Universal." (*Pensamento e Vida*, cap. 3).

O Espírito André Luiz, em **Mecanismos da Mediunidade,** nos diz que "*podemos compreender, sem dificuldade, no pensamento ou radiação mental, a substância de todos os fenômenos do Espírito, a expressar-se por ondas de múltiplas frequências. Valendo-nos de ideia imperfeita, podemos compará-lo, de início, à onda hertziana, tomando o cérebro como sendo um aparelho emissor e receptor ao mesmo tempo.*"

Dentro de nossa concepção, entendemos que a energia eletromagnética irradiada conduz tanto o conteúdo intelectual quanto a emoção ou o sentimento, com uma determinada intensidade.

São, pois, elementos do pensamento: o intelecto (conteúdo), o sentimento (qualidade) e a vontade (intensidade).

Os três aspectos estão sempre em desenvolvimento gradual e progressivo, pois correspondem às potências do Espírito imortal, em constante processo evolutivo: a inteligência, o sentimento e a vontade.

ONDAS E ELETROMAGNETISMO

Se jogarmos uma pedra num lago, provocaremos ondas circulares na superfície da água. Quando falamos ou cantamos, estamos criando ondas sonoras. Se ligarmos o aquecedor, estaremos espalhando ondas de calor. Ao acendermos uma lâmpada, irradiam-se ondas luminosas.

No exemplo do lago, as ondas são bem visíveis se propagando na água. Embora de forma não visível, o som propaga-se como oscilação das partículas do ar. A onda sonora corresponde, pois, a uma onda mecânica, assim como as ondas provocadas no lago do exemplo acima, que se propagam na água.

A luz, contudo, propaga-se no vácuo, onde não existe matéria.

Cristiaan Huyghens (1629-1695), aluno de Descartes, pensou então que existiria algo não material ou uma substância quintessensiada, um meio muito sutil por onde a luz se propagaria, que denominou éter.

Em 1869, James Clerk Maxwell (1831-1879) afirmou que as ondulações de luz nasciam de um campo magnético associado a um campo elétrico. Surgia assim a teoria eletromagnética que abriu caminho para a invenção do rádio. Anunciava, assim, que havia uma correlação entre a eletricidade e a luz, que se expandia pelo espaço ambiente como pulsações ondulatórias.

Tecnicamente falando, uma onda eletromagnética é constituída de um campo elétrico e de um campo magnético, cujas intensidades variam com o tempo.

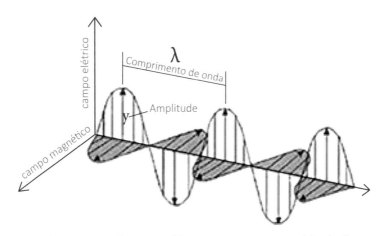

Os dois vetores (campo elétrico e campo magnético) são ortogonais entre si e perpendiculares à direção de propagação da onda. Seguem sempre juntos como companheiros inseparáveis.

A oscilação de cada um deles é representada por uma curva – a senoide – que apresenta, ciclicamente, máximos e mínimos.

A distância entre dois máximos (ou dois mínimos) consecutivos é o comprimento de onda (lambda); o número de máximos (ou de mínimos) que, durante certo intervalo de tempo, passa por um ponto, é a frequência da onda.

Uma onda eletromagnética transporta uma quantidade de energia proporcional à sua frequência. Isto é, as ondas de maior frequência têm maior energia.

A qualquer fenômeno eletromagnético associam-se três grandezas, vinculadas entre si:

- A frequência, **f** (número de oscilações por unidade de tempo);

- O comprimento de onda, lambda **λ** (distância entre duas cristas de onda consecutivas);

- A velocidade **c**, de propagação da onda.

No caso da luz e demais radiações eletromagnéticas (ondas de rádio, raios X, raios gama), a velocidade tem valor constante, equivalendo, no vácuo, a c = 300.000 km/s.

As três grandezas acham-se relacionadas pela expressão matemática:

$$\lambda = c / f$$

Assim, temos que, quanto maior o comprimento de onda, menor é a frequência:

Ondas longas, baixa frequência, e ondas curtas, alta frequência.

Estudos de Max Planck e, mais tarde, de Albert Einstein permitiram estabelecer a quantidade de energia (E) transportada por uma onda. Esse valor depende da frequência:

E = h.f (energia do fóton ou quantum)

A letra h representa a constante de Plank = $6,6 \times 10^{-34}$ J.s

Assim, temos que quanto maior a frequência (f) maior a quantidade de energia.

Amplitude (y) é indicada em milímetros ou polegadas.
Frequência (f), em geral, é indicada em Hertz (Hz) = ciclos/segundo.
Comprimento (λ) é indicado em centímetros, metros, quilômetros.
Energia (E) é indicada por Joule ou Elétron-volt.

AS ONDAS MENTAIS

"A teoria dos "saltos quânticos" explicou, de certo modo, as oscilações eletromagnéticas que produzem os raios luminosos.

No átomo excitado aceleram-se os movimentos... os elétrons se afastam dos núcleos aos saltos... quanto mais distante do núcleo, mais comprido será o salto, determinando a emissão de onda mais longa e, por esse motivo, identificada por menor energia. E quanto mais para dentro do sistema atômico se verifique o salto, tanto mais curta, e por isso de maior poder penetrante, a onda exteriorizada."

(**Mecanismos da Mediunidade**, Espírito André Luiz, Francisco C. Xavier).

Da mesma forma, o pensamento excitado em graus diferentes gera ondas de frequência e comprimento correspondentes ao impulso criador da vontade. A mente, pois, pode gerar ondas longas, médias ou curtas:

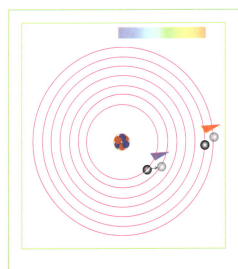

Quando um elétron absorve um quantum de energia, ele salta de uma órbita mais energética, ligeiramente mais afastada do núcleo. Dizemos que o elétron realizou um salto quântico e atingiu um estado excitado.

A excitação nas órbitas da periferia produzirá a luz vermelha de ondas longas e baixa frequência.

A excitação nas órbitas muito próximas do núcleo produzirá a luz violeta de ondas curtas e elevada frequência.

As oscilações do núcleo atômico produzem os raios gama.

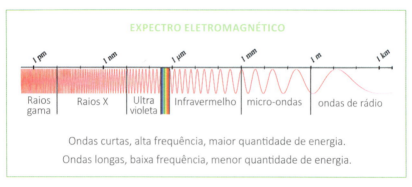

Segundo André Luiz, em **Mecanismos da Mediunidade**, cap. IV, os átomos mentais, excitados, poderão, em posição normal, produzir ondas muito longas ou de simples sustentação da individualidade, correspondendo à manutenção de calor.

Nos estados menos comuns da mente, devido à atenção, reflexão ou oração natural, o pensamento lançará ondas de comprimento médio ou de aquisição de experiência, correspondendo à produção da luz interior.

Em situações extraordinárias da mente, nas emoções profundas, nas grandes dores ou súplicas aflitivas, a excitação nasce dos diminutos núcleos atômicos, emitindo raios muito curtos ou de imenso poder transformador do campo espiritual, teoricamente semelhantes aos raios gama.

Isso explica claramente como os Espíritos Superiores possuem luz própria, que se irradia visivelmente aos outros Espíritos, em determinadas situações.

André Luiz nos informa: "... *estudamos o pensamento ou fluxo energético do campo espiritual de cada um deles (seres criados), a se graduarem nos mais diversos tipos de onda, desde os raios super-ultra-curtos, em que se exprimem as legiões angélicas, através de processos ainda inacessíveis à nossa observação, passando pelas oscilações curtas, médias e longas em que se exterioriza a mente humana, até as ondas fragmentárias dos animais, cuja vida psíquica, ainda em germe, somente arroja de si determinados pensamentos ou raios descontínuos."*. (*Mecanismos da Mediunidade* – Espírito André Luiz, Francisco C. Xavier).

Compreendemos, pois, que o pensamento está na base dos mais variados fenômenos e está intimamente ligado ao processo evolutivo dos seres.

A educação, em seu aspecto integral, ou seja, a educação do Espírito, está ligada, essencialmente, à educação da mente.

INDUÇÃO MENTAL

O Espírito André Luiz, no livro *Mecanismos da Mediunidade*, diz-nos:

"No domínio da energia elétrica, a indução significa o processo através do qual um corpo que detenha propriedades eletromagnéticas pode transmiti-las a outro corpo sem contato visível; no reino dos poderes mentais, a indução exprime processo idêntico, porquanto a corrente mental é suscetível de reproduzir as suas próprias peculiaridades em outra corrente mental que se lhe sintonize."

Indução significa o processo através do qual um corpo pode transmitir propriedades eletromagnéticas a outro corpo sem contato visual entre eles.

Da mesma forma, as ondas mentais são suscetíveis de reproduzir suas próprias peculiaridades em outra corrente mental que sintonizar com ela.

Assim, pois, quando expressamos um pensamento, estamos induzindo outros a pensarem como nós.

Entretanto, ao emitirmos a corrente mental, estamos, por nossa vez, sintonizando com correntes mentais semelhantes.

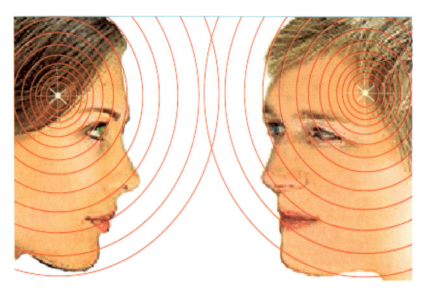

Sendo a matéria mental instrumento sutil da vontade, ao externarmos nossas ideias, nos ligamos compulsoriamente com as mentes que pensam de forma semelhante, atraindo para nós as vibrações boas ou negativas que nós mesmos emitimos.

Assim, as ondas eletromagnéticas do pensamento, ou ondas mento-eletromagnéticas, energia criativa por natureza, estão carregadas das ideias e emoções do Espírito, bem como com a intensidade da vontade que lhe é própria.

A educação, nesse universo fabuloso de ideias que a Doutrina Espírita nos revela, deve ampliar sua ação, compreendendo que a educação do Espírito, representando a educação da inteligência, do sentimento e da vontade, corresponde também à educação do pensamento em quantidade (conhecimento), qualidade (sentimento) e intensidade (vontade).

A educação corresponde, pois, ao desenvolvimento gradual e progressivo das potências da alma: a inteligência (aspecto cognitivo), o sentimento (aspecto afetivo) e a vontade (aspecto volitivo).

22. FLUIDO CÓSMICO

Einstein propôs abolir o conceito de "éter", definido por Huygens como um meio sutil por onde a luz se propaga, substituindo-o pelo conceito de "campo", que designa o espaço dominado pela influência de uma partícula de massa.

Contudo, "campo" designa apenas um espaço, e não a natureza íntima deste.

Allan Kardec, no livro *A Gênese*, cap. XIV, denominou esse meio sutil como sendo o Fluido Cósmico ou Fluido Universal, *"a matéria elementar primitiva, da qual as modificações e transformações constituem a inumerável variedade de corpos da Natureza.*

O Espírito André Luiz também nos fala do Fluido Cósmico, a espraiar-se por todo o Universo, irradiando ondas em frequências inumeráveis, em todas as direções.

Dentre essas ondas, estão as ondas de rádio, o infravermelho, a luz visível, o ultravioleta, raio x, raio gama e os raios cósmicos.

Além desse limite vibratório, estão as ondas do pensamento, que se irradiam da mente, dotadas de propriedades eletromagnéticas, constituídas por corpúsculos de natureza fluídica, consideradas como matéria mental.

O Fluido Cósmico Universal é a matéria elementar primitiva, cujas modificações e transformações constituem a inumerável variedade dos corpos da Natureza.

"Quanto ao princípio elementar universal, ele oferece dois estados distintos: o da eterização ou de imponderabilidade, que se pode considerar como o estado normal primitivo, e o da materialização ou de ponderabilidade que, de alguma sorte, não lhe é senão consecutivo. O ponto intermediário é o da transformação do fluido em matéria tangível; mas, ainda aí, não há transição brusca, porque se podem considerar nossos fluidos imponderáveis como um termo médio entre os dois estados." (Allan Kardec- *A Gênese*- cap. XIV).

"Desde o instante em que estes fluidos são o veículo do pensamento, que o pensamento pode modificar-lhes as propriedades, é evidente que eles devem estar impregnados de qualidades boas ou más dos pensamentos que os colocam em vibração, modificados pela pureza ou pela impureza dos sentimentos. (...)

Sob o aspecto moral, carregam a marca dos sentimentos do ódio, da inveja, do ciúme, do orgulho, do egoísmo, da violência, da hipocrisia, da bondade, da benevolência, do amor, da caridade, da doçura, etc.

Sob o aspecto físico, são excitantes, calmantes, penetrantes, adstringentes, irritantes, dulcificantes, soporíferos, narcóticos, tóxicos, reparadores, eliminadores; tornam-se força de transmissão ou de propulsão, etc." (Allan Kardec- *A Gênese* - cap. XIV).

Assim, pois, as ondas eletromagnéticas do pensamento, carregadas das ideias e emoções do Espírito, modificam as propriedades dos fluidos à sua volta, de acordo com o teor de suas emoções.

Pensamentos de ódio, de inveja, de ciúme, de orgulho, de egoísmo, de violência, de hipocrisia contaminam o fluido cósmico com qualidades negativas, tanto quanto pensamentos de amor, bondade, benevolência, etc., também transmitirão qualidades superiores ao fluido cósmico e, consequentemente, invadirão todo o nosso organismo.

A mente irradia-se por todo o organismo fisiopsicossomático (físico e perispiritual), integra-se ao sangue e à linfa, percorre cada célula e age diretamente sobre o citoplasma, onde, segundo o Espírito André Luiz, as forças físicas e psicossomáticas se unem e interagem entre si.

A mente, pois, cria o fluido mentomagnético que persiste em todo o organismo físico e perispiritual, concentrando-se nos plexos ou centros vitais, definindo as características de seu fluido vital e exteriorizando-se, no campo magnético do próprio indivíduo, a que chamamos aura ou halo vital.

Cada criatura vive, pois, envolvida pelas propriedades boas ou más, saudáveis ou nocivas de sua própria mente, vivendo e externando a sua realidade íntima.

Percebemos, nesse fenômeno, a causa íntima da maioria das enfermidades mentais e físicas.

No capítulo da microanatomia, ao analisarmos a intimidade das células e suas funções, teremos uma ideia exata da influência do pensamento em nosso organismo.

23. VIDA MENTAL E FÍSICA QUÂNTICA

Incluímos este pequeno estudo sobre a Física Quântica por sugestões de amigos espirituais, considerando a grande influência da mente no mundo subatômico e que, portanto, o pensamento está dentro do Universo da Física Quântica.

Não é nossa intenção fazer um estudo profundo sobre a física moderna, mas apenas demonstrar a íntima relação da vida mental com as novas teorias da física.

Até fins do século XIX, a física clássica parecia explicar todos os fenômenos físicos. Baseando-se na relação causa e efeito, a física de Newton podia determinar matematicamente o comportamento de um fenômeno. Duas teorias surgiram então, abalando a física clássica.

Uma foi a **Teoria da Relatividade** de Albert Einstein (1879-1955), afirmando que tempo e espaço são relativos quando aplicados a grandes distâncias e velocidades.

A outra foi a **Mecânica Quântica** iniciada por Max Planck (1858-1947), que, na verdade, ainda não foi bem definida, mas vem causando impactos profundos, não só na Física, mas em áreas aparentemente bem diferentes como a Filosofia.

Pensava-se que ondas e partículas tinham comportamentos diferentes. As partículas eram analisadas pela mecânica de Isaac Newton (1643-1727), e as radiações das ondas eletromagnéticas eram descritas pelas equações de James Clerk Maxwell (1831-1879).

Em 1924, Louis de Broglie (1892-1987), físico francês, afirmou que qualquer partícula em movimento tinha uma onda associada, surgindo assim os primeiros estudos da mecânica ondulatória, complementada por outros físicos.

Neils Bohr (1885-1962) também afirma a dualidade onda e partícula (ao mesmo tempo), mas que um determinado experimento pode mostrar apenas uma forma ou outra.

Os físicos perceberam que os elétrons se comportavam ora como onda, ora como partícula, dependendo do tipo de experimento e do observador. Ou seja, o observador interfere no fenômeno.

Chega-se à conclusão de que, no mundo subatômico, as leis da física clássica não funcionam.

Werner Heisenberg (1901-1976) anuncia, em 1927, o Princípio da Incerteza, afirmando a impossibilidade de se determinar simultaneamente posição e velocidade de uma partícula, tornando a Física Quântica uma ciência probabilística.

Einstein, contudo, discorda de tal princípio, afirmando que "Deus não joga dados", devendo existir leis precisas por trás do fenômeno, apenas não são conhecidas.

A Física parecia dividida em duas partes: a teoria da relatividade geral de Einstein, que explicava o mundo macro - planetas e galáxias - e a Mecânica Quântica, que procura explicar o mundo do micro- a intimidade do mundo atômico.

Ora, galáxias e átomos pertencem ao mesmo Universo, mas as teorias se conflitavam. O grande sonho de Einstein, que ele não conseguiu realizar, era formular uma teoria do campo unificado que explicasse tanto a Teoria da Relatividade quanto a Teoria Quântica.

A TEORIA DAS CORDAS

Foi, então, que, segundo a tradição, em 1968, o jovem físico Gabriele Veneziano, ao procurar uma equação que explicasse a força nuclear forte (que mantém prótons e neutros unidos no núcleo atômico), deparou-se, por "acaso", num velho livro de História da Matemática, com uma equação descrita, há duzentos anos, por um físico suíço, Leonhard Euler. Veneziano percebeu que tal equação poderia explicar a força nuclear forte, publicando a sua descoberta.

Passando por vários físicos, a equação de Euler chegou até Leonard Susskind, físico americano que passou a investigar a possibilidade de tal equação descrever uma nova partícula, que pudesse vibrar como uma corda de violino em vez de ser uma partícula estática.

A ideia não foi bem aceita pelo mundo científico, e a ciência continuou a aceitar as partículas como pontos e não cordas que pudessem vibrar.

Anomalias matemáticas existiam na Teoria das Cordas que, por muito tempo, impedia o seu avanço no mundo científico.

No verão de 1984, o físico norte-americano, John Henry Schwarz e seu amigo Michael Green, depois de cinco anos de tentativas, resolveram as anomalias matemáticas da Teoria das Cordas, atraindo a atenção do mundo científico da época de tal forma que, por volta de 1985, existiam cinco versões da mesma teoria, mas que não estavam em harmonia.

Foi quando Edward Witten, em 1995, na University of Southern Califórnia, apresentou sua ideia de unificar as cinco "teorias das cordas", surgindo a chamada teoria M. Todavia, para que tal teoria se sustentasse matematicamente, o Universo deveria ter onze dimensões, sendo três dimensões espaciais, uma temporal e sete outras dimensões ainda desconhecidas.

Os físicos chegavam também à ideia extraordinária ou chocante dos **universos paralelos**, procurando explicar a sobreposição quântica, ou seja, duas coisas diferentes acontecendo ao mesmo tempo.

A FÍSICA MODERNA, O PENSAMENTO E O FLUIDO CÓSMICO

Ao confrontarmos as teorias da Física Moderna com os estudos do capítulo 21, sobre o pensamento, e do capítulo 22, sobre o fluido cósmico, chegamos a extraordinárias conclusões.

A Mecânica Quântica admite a interação entre as partículas observadas e o próprio observador, que interfere no fenômeno.

A Teoria das Cordas propõe que tudo no Universo, de átomos a estrelas, é formado por um único elemento primordial ou minúsculos filamentos de energia, que vibram de diferentes formas, criando as diferentes partículas elementares, como uma única corda de violino pode vibrar de diferentes formas, produzindo diferentes notas musicais.

Assim, tudo vem de um mesmo elemento primordial que vibra de diferentes formas. Para cada partícula subatômica do Universo existe um padrão de vibração particular.

Da mesma forma, temos que o Fluido Cósmico ou Universal, como já vimos, corresponde à matéria elementar primitiva, cujas modificações e transformações constituem a inumerável variedade dos corpos da Natureza.

Vimos também que o pensamento pode modificar as propriedades dos fluidos, que podem adquirir qualidades que, sob o aspecto físico, são excitantes, calmantes, penetrantes, adstringentes, irritantes, dulcificantes, soporíficos, narcóticos, tóxicos, reparadores, expulsivos; tornam-se força de transmissão, de propulsão, etc.

O pensamento, como vimos, irradia-se em forma de ondas, de natureza eletromagnética, que vibram de diferentes formas, alterando as propriedades dos fluidos.

Portanto, minúsculos filamentos de energia ou fluido cósmico correspondem à mesma ideia, sendo que as vibrações do pensamento alteram suas propriedades. Assim, tudo no Universo é vibração na sua intimidade e tudo possui uma natureza mental.

Nas experiências de Broglie, admite-se a interação entre as partículas observadas e o próprio observador, sugerindo que a consciência parece fazer parte da realidade física.

O observador interfere no fenômeno, ou seja, o pensamento irradiado em diferentes tipos de vibrações realmente interfere no mundo subatômico a que o Fluido Cósmico, em sua forma sutil ou imponderável, faz parte.

O Espírito André Luiz nos diz que os Espíritos Superiores criam sobre o Fluido Cósmico, construindo as "habitações cósmicas de múltiplas expressões", da mesma forma que nós mesmos criamos, a partir da matéria prima existente, o nosso mundo particular.

O pensamento, pois, pode alterar as propriedades dos fluidos à nossa volta e, de maneira impressionante, também dentro de nós mesmos, como veremos nos próximos itens.

Quanto às onze dimensões propostas por Edward Witten, considerando três espaciais (altura, largura e comprimento), uma temporal (tempo) e outras sete dimensões recurvadas, com outras propriedades ainda desconhecidas, de certa forma nos faz lembrar as esferas espirituais citadas por André Luiz e mesmo por outros Espíritos. O planeta Terra está envolvido por sete esferas espirituais, cada uma dentro de sua própria frequência vibratória.

Naturalmente, são apenas ideias aproximadas, com divergências entre si, pois cada uma das dimensões espirituais também possui as três dimensões espaciais (altura, largura e comprimento) e, obviamente, também possui a dimensão temporal.

Os físicos afirmam que os universos paralelos não interferem uns nos outros, quando compreendemos que as diferentes esferas interagem continuamente umas sobre as outras.

As diversas esferas espirituais envolvendo a parte física de nosso planeta. Baseado na obra *Nosso Lar*, de André Luiz, e nos desenhos de Heigorina Cunha, do livro *Cidade no Além*, IDE.

As esferas espirituais que circundam nosso planeta, em diferentes frequências vibratórias, são habitadas pelos Espíritos desencarnados, de acordo com seu estado vibratório, vibração essa emanada de seus pensamentos, considerando o aspecto intelectual e, principalmente, o aspecto afetivo, que corresponde à qualidade do pensamento, e o aspecto volitivo, que corresponde à sua intensidade.

A GRANDE CONSCIÊNCIA

Embora a divergência de opiniões e teorias, alguns cientistas já admitem uma grande consciência oculta, e que o Universo tem uma intencionalidade.

De forma impressionante, as incógnitas da Física Quântica chamam a atenção de espiritualistas de todo o mundo, e não sem razão.

Chamem de Tao, Vixnu, Brahman, Yahweh ou Deus, a razão clama por uma "Grande Consciência".

Não sem razão, o Espírito André Luiz diz que estamos todos mergulhados no pensamento de Deus.

"O fluido cósmico é o plasma divino, hausto do Criador ou força nervosa do Todo-Sábio. Nesse elemento primordial, vibram e vivem constelações e sóis, mundos e seres, como peixes no oceano." (*Evolução em Dois Mundos*, Espírito André Luiz, Francisco C. Xavier).

Em síntese, a Doutrina Espírita afirma que tudo no Universo é vibração, sintonia, ressonância.

Tudo no Universo, pois, possui uma natureza mental.

Einstein percebeu, intuitiva ou racionalmente, que existe uma Natureza única em todo o Universo, perseguindo, assim, uma Teoria de Tudo ou Teoria da Grande Unificação.

No próximo item, veremos como a energia mental, em suas diferentes vibrações, influencia a intimidade do mundo celular e, portanto, todo o organismo biológico.

QUARTA PARTE

24. MICROANATOMIA FUNCIONAL DAS CÉLULAS

No corpo humano há diferentes tipos de células, com diferentes funções e especializações. No entanto, elas possuem características comuns em relação à sua estrutura, tais como: membrana plasmática, citoplasma com suas organelas e núcleo. Assim, analisaremos as células pelo que elas possuem em comum.

No neurônio, por exemplo, o corpo celular ou pericário contém o núcleo e as organelas, com grande quantidade de "Corpúsculo de Nissl" e escassa cromatina.

Corpúsculos ou grânulos de Nissl (tigroide) são retículos endoplasmáticos rugosos (com ribossomos) e são locais de síntese de proteínas. São também chamados de substância cromófila (que é granulosa e retém os corantes básicos).

A cromatina é um filamento de DNA muito longo e muito fino, localizado no núcleo da célula interfásica (não em divisão). Quando a célula inicia seu processo de divisão, esses filamentos enrolam-se sobre si mesmos e se condensam, transformando-se nos famosos cromossomos. Ou seja, eles são praticamente a mesma coisa, porém em estágio organizacional diferente. O cromossomo é a cromatina enroladinha, pronta a ser duplicada na interfase para a divisão celular. O neurônio, ao contrário de outras células, jamais se divide.

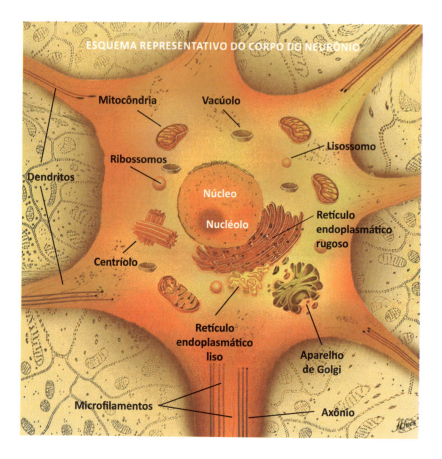

O citoplasma, de natureza aquosa mais ou menos viscosa, contém macromoléculas solúveis como enzimas, carboidratos, sais, proteínas e uma grande proporção de RNA. Contém também organelas: mitocôndrias, lisossomos, ribossomos, vacúolos, citoesqueleto, aparelho de Golgi e retículo endoplasmático liso e rugoso.

Segundo o Espírito André Luiz, na obra *Evolução em Dois Mundos*, cap. IX, o neurônio é uma usina microscópica, de formação especialíssima, reproduzindo a tessitura das células psicossomáticas (do periespírito).

André Luiz nos chama a atenção para *"um pigmento ocre, estreitamente relacionado com o corpo espiritual, de função muito importante na vida do pensamento, aumentando consideravelmente na madureza e na velhice das criaturas."*.

Pigmento ocre ou lipofuscina.

A ciência conhece esse pigmento como **lipofuscina** ou pigmento lipofuscínico (do latim fuscus = marrom). É um complexo contendo lipídios (gorduras não solúveis em água) e proteínas. Apresenta uma estrutura amorfa (sem forma), complexa e variável. Alguns autores acreditam que, por serem insolúveis e não metabolizados, seriam resíduos não eliminados que foram acumulados em alguma região do citoplasma celular, ou seja, "lixo celular". Quanto mais lipofuscina presente, mais velha é a célula.

No entanto, André Luiz nos revela, na obra citada, que *"o pigmento ocre que a ciência humana observa, sem maiores definições, é conhecido, no Mundo Espiritual, como fator de fixação, como que a encerrar a mente em si mesma, quando esta se distancia do movimento renovador em que a vida se exprime e avança, adensando-se ou rarefazendo-se ele, nos círculos humanos, conforme a atitude mental do Espírito na quota de tempo em que se lhe perdure a existência carnal"*. (Obs.: O livro foi escrito em 1958).

CITOPLASMA

O citoplasma, por definição, é o espaço intracelular entre a membrana plasmática e o envoltório nuclear, totalmente preenchido por um líquido que é mais viscoso, de natureza gel, nas regiões marginais, onde é chamado de citogel ou ectoplasma. No interior, é menos viscoso, de natureza sol, denominado citosol.

O citoplasma, segundo André Luiz, "*é, no fundo, o elemento intersticial de vinculação das forças fisiopsicossomáticas...*". Entendemos, assim, que o corpo físico se liga ao corpo espiritual célula a célula. Sendo o citoplasma de natureza aquosa, mais ou menos viscosa, como vimos, não é difícil entender que o citoplasma se liga tanto ao aspecto físico como psicossomático. Isso implica que as células do corpo físico vibram na mais perfeita sintonia com as células do corpo espiritual, ou seja, a célula física é cópia perfeita da célula psicossomática (do perispírito).

Considerando que o conteúdo da mente, em nível celular, é registrado no citoplasma, de forma magnética ou vibratória, este conteúdo se transfere para as células psicossomáticas que, por sua vez, transfere ao corpo mental, que corresponde ao envoltório sutil da mente.

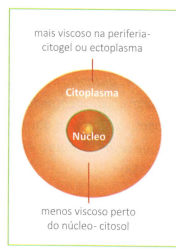

As vibrações da mente fazem vibrar o citoplasma das células, a partir do citogel até o citosol, transmitindo tais vibrações ao núcleo celular e, assim, atuando no DNA e na síntese de proteínas, como veremos nos próximos itens.

Perceberemos claramente, após os estudos seguintes, a importância do estado mental do indivíduo em todos os departamentos do cosmo orgânico.

Podemos entender que o pigmento ocre ou lipofuscina, como *"fator de fixação a encerrar a mente em si mesma"*, participa dos registros magnéticos das experiências vividas, **adensando-se ou rarefazendo-se ele, nos círculos humanos, conforme a atitude mental do Espírito.**

Embora alguns autores afirmem que a lipofuscina não seria nociva às células e suas funções, outros autores a associam ao mal de Alzheimer, Parkinson, esclerose lateral amiotrófica, acromegalia, atrofia por desnervação, miopatia lipídica e outras.

Vide: https://pt.wikipedia.org/wiki/Lipofuscina - e Kumar V, Abbas AK, Robbins e Cotran, *Bases Patológicas das Doenças*, ed. Elsevier.

A mente, pois, está na origem de muitas patologias.

Pesquisas da UNICAMP revelam um pigmento acastanhado *"achado excepcional em ependimomas e é muito proeminente neste espécime. Em certas áreas, a maioria das células neoplásicas (tumorais), principalmente as de contorno poligonal, continha, no citoplasma, grânulos de pigmento marrom acastanhado ou acinzentado..."* que lembra a melanina, mas tendo sido identificado como a lipofuscina. Vide: http://anatpat.unicamp.br/nptependimoma11.html

Veja também: http://anatpat.unicamp.br/nptdisplasiacort6.html

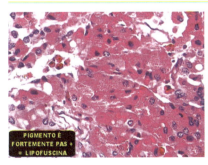
Presença da lipofuscina em tumor.

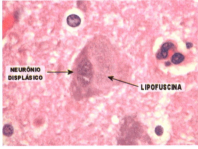
Lipofuscina no citoplasma desloca o núcleo.

Consulte também o Atlas de Neuroanatomia, livro digital, mesmo autor e editora.

O NÚCLEO CELULAR

O núcleo celular é delimitado pelo envoltório nuclear e se comunica com o citoplasma através dos poros nucleares. É composto por um líquido gelatinoso, similar ao citoplasma, denominado de nucleoplasma, onde existem enzimas, proteínas e fatores de transcrição. Existe ainda uma rede de fibras denominada matriz nuclear, cuja função ainda não é bem conhecida.

O núcleo tem a função de armazenar as informações genéticas e regular as reações químicas que ocorrem dentro da célula. O núcleo possui também proteínas com função de regular a expressão gênica, envolvendo processos complexos de transcrição, pré-processamento do RNA mensageiro e o seu transporte para o citoplasma. Dentro do núcleo, ainda existe uma estrutura chamada nucléolo, responsável pela produção de subunidades de ribossomos.

O DNA presente no núcleo encontra-se geralmente organizado na forma de cromatina (que pode ser eucromatina ou heterocromatina), durante o período de interfase. Durante a divisão celular, porém, o material genético é organizado na forma de cromossomos.

"Os cromossomos, estruturados em grânulos infinitesimais de natureza fisiopsicossomática, partilham do corpo físico pelo núcleo da célula em que se mantêm e do corpo espiritual pelo citoplasma em que se implantam." (*Evolução em Dois Mundos*, André Luiz).

Na mesma obra, o Espírito André Luiz nos informa:

*"É da doutrina celular corrente no mundo que as células tomam aspectos diferentes conforme a natureza das organizações a que servem, competindo-nos desenvolver mais amplamente o asserto, para asseverar que **a inteligência, influenciando o citoplasma, que é, no fundo, o elemento intersticial de vinculação das***

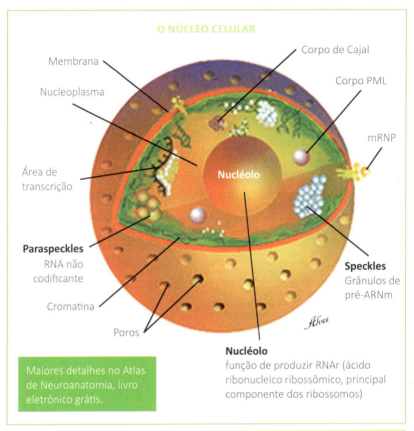

O NÚCLEO CELULAR

- Membrana
- Nucleoplasma
- Área de transcrição
- **Paraspeckles** — RNA não codificante
- Cromatina
- Poros
- Corpo de Cajal
- Corpo PML
- mRNP
- Nucléolo
- **Speckles** — Grânulos de pré-ARNm

Nucléolo
função de produzir RNAr (ácido ribonucleico ribossômico, principal componente dos ribossomos)

Maiores detalhes no Atlas de Neuroanatomia, livro eletrônico grátis.

CROMOSSOMO, DNA E GENE

Os cromossomos são de natureza fisiopsicossomática, ou seja, participam do corpo físico e do corpo espiritual.

DNA

Gene: Sequência de nucleotídeos do DNA

Cromossomo
longa sequência de DNA, que contém vários genes

forças fisiopsicossomáticas, obriga as células ao trabalho de que necessita para expressar-se."

Percebemos, claramente, que a inteligência, ou seja, a mente, influencia o citoplasma, que corresponde ao elemento intersticial de vinculação das forças fisiopsicossomáticas, na linguagem de André Luiz.

Percebemos também que os cromossomos se ligam tanto ao corpo físico, pelo núcleo, quanto ao corpo espiritual. Está claro, pois, que a mente interfere no corpo espiritual e no corpo físico, interferindo no DNA que, como sabemos, atua na síntese das proteínas.

As proteínas são moléculas orgânicas que desempenham diversas funções no organismo: imunológica, hormonal, nutritiva, estrutural, enzimática, etc., atuando em todo o cosmo orgânico.

AS PRINCIPAIS ORGANELAS E SUAS FUNÇÕES

A **mitocôndria** é responsável pela respiração celular. É abastecida com oxigênio e glicose, que se converte em energia química que pode ser usada em reações bioquímicas. Está presente em maior quantidade na extremidade dos axônios, onde existe maior necessidade de energia. Segundo o Espírito André Luiz, as mitocôndrias podem ser consideradas "***acumulações de energia espiritual, em forma de grânulos, assegurando a atividade celular, por intermédio do qual a mente transmite, ao carro físico a que se ajusta, durante a encarnação, todos os seus estados felizes ou infelizes...***". *(Evolução em Dois Mundos)*.

O **retículo endoplasmático** serve de canal entre o núcleo e o citoplasma, levando material de que a célula necessita, de um ponto qualquer até seu ponto de utilização. Existem dois tipos: o rugoso e o liso. No neurônio, o retículo endoplasmático rugoso é chamado de **Corpúsculo de Nissl**.

André Luiz ainda nos informa que existe "*uma substância, invisível na célula em atividade, a espalhar-se no citoplasma e nos dendritos, facilmente reconhecível por intermédio de corantes básicos, quando a célula se encontra devidamente fixada; essa substância — a expressar-se nos chamados corpúsculos de Nissl, que podem sofrer a cromatólise — representa alimento psíquico, haurindo pelo corpo espiritual no laboratório da vida cósmica, através da respiração, durante o repouso físico para a restauração das células fatigadas e insubstituíveis.". (Evolução em Dois Mundos).*

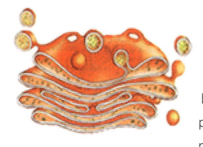

O **complexo de Golgi** é formado por bolsas achatadas, que servem para receber proteínas ribossomais em forma de vesículas, provenientes do retículo endoplasmático. Sua função é o processamento de proteínas e a sua distribuição por entre as vesículas. Atua como centro de armazenamento, transformação e distribuição de substâncias na célula. É responsável também pela formação dos lisossomos.

Os **centríolos** são posicionados perpendicularmente. São constituídos por nove microtúbulos triplos ligados entre si, formando um tipo de cilindro. Exercem função vital na divisão celular, agindo como organizadores das estruturas celulares durante sua reprodução.

Os **vacúolos** são estruturas ovaladas, com conteúdo fluido onde são armazenados produtos de nutrição ou excreção.

Os **ribossomos** podem ser encontrados espalhados no citoplasma, presos uns aos outros por uma fita de RNAm, formando polissomas ou retículo endoplasmático rugoso. Sua função é produzir proteínas que podem permanecer na célula ou serem enviadas para fora. As enzimas que serão expelidas são produzidas pelos ribossomos aderidos à parede do retículo endoplasmático.

O ribossomo é funcional apenas quando suas subunidades estão unidas. Após a construção de cada proteína, as subunidades se desprendem do RNAm e se separam.

Os **lisossomos** têm como função a degradação de partículas advindas do meio extracelular, assim como a reciclagem de outras organelas e componentes celulares envelhecidos, através da digestão intracelular, onde os produtos serão excretados ou reutilizados.

O **citoesqueleto** é uma estrutura celular, espécie de rede, composta por um conjunto de três tipos diferentes de filamentos proteicos.

São eles: microtúbulos, filamentos intermediários e microfilamentos.

Microtúbulos

25 nm

São longos cilindros ocos formados pela proteína tubulina. Estão ligados aos centrossomos e formam os cílios e flagelos, e orientam a migração de vesículas no citoplasma. Essas moléculas podem se desassociar desfazendo o microtúbulo e, em seguida, reorganizar-se para formá-lo novamente.

Microfilamentos

8 - 25 nm

São duas fitas helicoidais da proteína actina, formando feixes lineares. Sustentam a membrana plasmática e, junto com proteínas motoras, fazem a locomoção celular.

Filamentos intermediários

8 - 25 nm

São compostos por diferentes proteínas, formando uma rede que dá resistência mecânica e estrutural às células. Juntos, eles são responsáveis por manter a forma, dando rigidez, mas também elasticidade às células.

Pela sua natureza micro (medido em nm - nanômetro), acompanham a vibração mental que atinge o citoplasma. Participando da estrutura celular e da sustentação da membrana plasmática, fazem vibrar toda a célula, incluindo a membrana celular.

Um nanômetro **nm** correspondente a 1×10^{-9} metro, ou seja, um milionésimo de milímetro.

DNA E SÍNTESE DE PROTEÍNA

Nos núcleos das células (e nas mitocôndrias), encontramos dois tipos de ácidos nucleicos: o **DNA** (ácido desoxirribonucleico) e o **RNA** (ácido ribonucleico), cujas moléculas são constituídas da união de unidades menores, os nucleotídeos. O DNA é a única molécula que se autoduplica.

Cada nucleotídeo é formado por um grupo fosfato, um açúcar (desoxirribose no DNA e ribose no RNA) e uma base nitrogenada. Existem cinco tipos diferentes de bases nitrogenadas: adenina (A), timina (T), guanina (G), citosina (C) e uracila (U). As quatro primeiras são encontradas no DNA. Já no RNA, a timina é substituída pela uracila.

Enquanto os nucleotídeos do RNA se agrupam numa cadeia simples, a molécula de DNA apresenta duas cadeias emparelhadas e enroladas uma sobre a outra, formando uma estrutura conhecida como "dupla hélice".

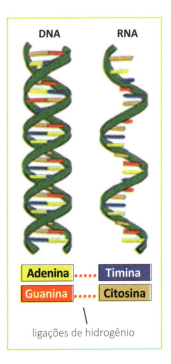

As cadeias do DNA emparelham-se através da ligação entre as bases nitrogenadas: adenina com timina e citosina com guanina (A- T; C- G), que são unidas por pontes (ligações) de hidrogênio.

Os cromossomos são constituídos por um longo filamento de DNA associado a certas proteínas chamadas histonas.

Alguns trechos do DNA presente na cromatina dão início a processos de fabricação de proteínas com as mais diversas funções no organismo. Esses trechos de DNA são o que chamamos de genes.

GENES

Gene ou gen é uma sequência de nucleotídeos do DNA que pode ser transcrita em uma versão de RNA, ou seja, é um segmento de um cromossomo que corresponde a um código ou informação para produzir uma determinada proteína ou controlar uma característica genética, por exemplo, a cor dos olhos.

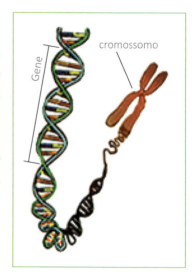

NUCLEOTÍDEOS

Nucleotídeos são compostos ricos em energia e que ajudam os processos metabólicos, participam do transporte e conservação de energia, funcionando também como mensageiros químicos celulares.

O DNA é formado por um encadeamento de nucleotídeos e organizado em duas fitas, formando uma dupla hélice, como já vimos. As bases orgânicas que compõem os nucleotídeos são formadas por anéis contendo carbono e nitrogênio. A Adenina e a Guanina possuem dois destes anéis e são classificadas como **purinas**. Já a Citosina e a Timina possuem apenas um anel formado de carbono e nitrogênio e são classificadas como **pirimidinas**.

Para manter a estrutura do DNA, estas bases são combinadas aos pares, de forma que uma purina seja ligada a uma pirimidina. As ligações padrão são A- T, uma purina (Adenina) com uma pirimidina (Timina) ou G- C, uma purina (Guanina) com uma pirimidina (Citosina). As bases permanecem unidas por fracas ligações de hidrogênio, e são estas ligações as responsáveis pela manutenção da estrutura de dupla hélice do DNA.

PROTEÍNAS

As proteínas são moléculas orgânicas formadas de vários aminoácidos, cuja sequência é determinada pela informação genética, contida no DNA.

As proteínas sintetizadas possuem características próprias para desempenhar funções específicas no organismo. Diversas são as funções das proteínas: algumas, na forma de enzimas, funcionam como catalisadores para acelerar certas reações químicas. Outras atuam na contração muscular. Os anticorpos são proteínas que defendem o corpo contra micro-organismos invasores. Alguns tipos de hormônios também são proteínas.

Quimicamente, as proteínas contêm carbono, hidrogênio, oxigênio e nitrogênio e quase sempre enxofre. Algumas contêm também fósforo, ferro, zinco e cobre.

Assim, todo o funcionamento de um organismo é conduzido através das "ordens" do DNA.

A grande pergunta é: Quem controla o DNA?

É o que vamos responder nos próximos itens de nosso estudo.

CÓDIGO GENÉTICO E SÍNTESE DE PROTEÍNA

Em rápida síntese, podemos dizer que o DNA faz o RNA, que faz as proteínas. O código genético está contido no DNA, na forma de unidades conhecidas como genes. Para a transmissão do código, o DNA forma o RNA mensageiro (mRNA) no processo chamado **transcrição.**

TRANSCRIÇÃO

A unidade de transcrição do DNA é definida principalmente por três regiões do DNA: um promotor, o gene estrutural e um terminador.

Para ocorrer a transcrição, é necessária a presença de uma enzima denominada RNA polimerase.

De maneira resumida, o RNA polimerase se liga ao promotor (fator de iniciação σ) e inicia a transcrição ou início do RNA mensageiro. O promotor corresponde a uma sequência específica de bases reconhecida pelo RNA polimerase. Controla a iniciação da transcrição para formar o RNA.

As pontes de hidrogênio se desfazem, e as duas fitas de DNA se afastam.

Nucleotídeos livres se encaixam numa das fitas do DNA, chamada de fita ativa, formando-se a molécula do RNA em fita única.

Uma vez que a polimerase atinge o terminador ou região terminadora (fator de terminação ρ), o RNA nascente se desliga da dupla hélice, assim também a RNA polimerase, encerrando a transcrição. As duas fitas do DNA tornam a parear, reconstituindo a molécula original. A molécula de mRNA (fita única) migra para o citoplasma, onde ocorrem diversos processos pós-transcricionais, de modo a formar um dos três tipos de RNA: mensageiro (RNAm), transportador (RNAt) ou ribossômico (RNAr), com funções distintas na célula.

FIGURA ESQUEMÁTICA DA FASE DE TRANSCRIÇÃO

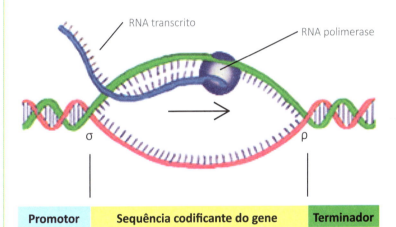

fator de iniciação (σ)
fator sigma

fator de terminação (ρ)
fator ro

RNA mensageiro (mRNA)

TRADUÇÃO

A tradução é o processo de síntese ou fabricação de proteína, que ocorre nos ribossomos.

Para isso, é necessário que os ribossomos decodifiquem a mensagem contida no RNA mensageiro para formar uma cadeia de aminoácidos.

O RNA mensageiro tem sequências (denominadas códons) de três nucleotídeos.

Da mesma forma, o RNA transportador formará uma série de anticódons, utilizando os nucleotídeos espalhados pelo citoplasma.

Assim, o papel do RNA transportador seria o de conectar os códons do RNA mensageiro com os devidos nucleotídeos espalhados pelo citoplasma. Ao efetuar tal processo, o ribossomo fará a ligação peptídica entre os códons e os anticódons trazidos pelo RNA transportador, gerando a fita proteica.

Ou seja, cada códon do RNA mensageiro será ligado ao anticódon do RNA transportador, liberando o aminoácido que é ligado a uma cadeia crescente de polipeptídio, formando a proteína.

A inserção de aminoácidos na cadeia polipeptídica crescente ocorre na mesma ordem em que os seus respectivos códons aparecem na molécula de RNA mensageiro.

A síntese da proteína é encerrada quando os ribossomos encontram um códon de parada no mRNA.

TRADUÇÃO: NA ILUSTRAÇÃO ABAIXO, VEMOS CINCO RIBOSSOMOS LENDO O MESMO MRNA SEQUENCIALMENTE.

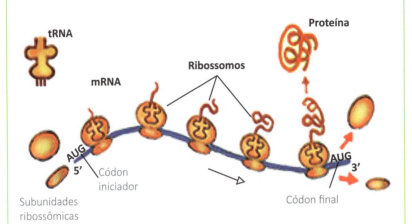

FIGURA ESQUEMÁTICA DA FASE DE TRADUÇÃO

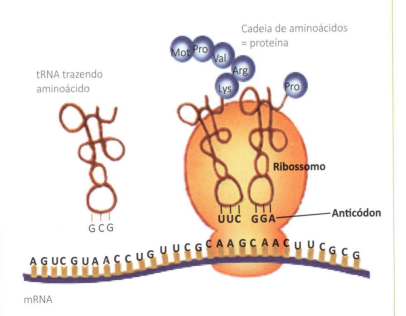

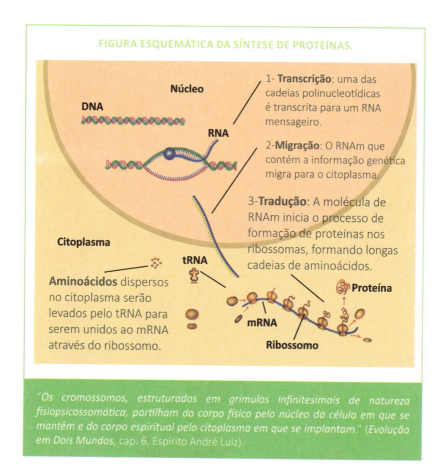

"Os cromossomos, estruturados em grímulos infinitesimais de natureza fisiopsicossomática, partilham do corpo físico pelo núcleo da célula em que se mantêm e do corpo espiritual pelo citoplasma em que se implantam." (*Evolução em Dois Mundos*, cap. 6, Espírito André Luiz).

QUEM COMANDA O DNA

Genealogia do Espírito

O sofisticadíssimo mecanismo de cada célula de nosso organismo nos leva a concluir que apenas matéria, mesmo biológica, não produziria todo esse resultado sem um comando central, que, neste caso, não está no cérebro, mas no corpo mental.

O corpo mental é o repositório do patrimônio conquistado pelo Espírito em sua longa jornada evolutiva.

Assim, percebemos, com o Espírito André Luiz, que, "*além da ciência que estuda a gênese das formas, há também uma genealogia do Espírito.*". (*Evolução em Dois Mundos*).

A ciência que acompanha a filogênese reconhecerá também uma gênese do Espírito e, consequentemente, uma **estrutura mental nas células.**

Lembramos aqui as citações do Espírito André Luiz, na obra *Evolução em Dois Mundos*:

"*Todos os órgãos do corpo espiritual e, consequentemente, do corpo físico foram, portanto, construídos com lentidão, **atendendo-se à necessidade do campo mental** em seu condicionamento e exteriorização no meio terrestre.*"

CÉLULA E VIBRAÇÃO

Allan Kardec, em *A Gênese*, cap. II, afirma que "*todas as células do corpo humano estão em contato imediato com o ser espiritual*". E, no cap. XI, afirma que, quando o Espírito deve se encarnar num corpo humano, "*o perispírito, que possui certas propriedades da matéria, se une, molécula a molécula, com o corpo que se forma.*".

Assim, podemos afirmar que, para cada célula do corpo físico, existe uma célula exatamente igual no corpo espiritual, em íntima conexão, justapondo-se uma à outra, de forma que o citoplasma de uma vibra na mesma frequência da outra. Isso se aplica também aos neurônios, em todas as suas especialidades. Todas as informações registradas nos neurônios se transferem aos neurônios do corpo espiritual e, consequentemente, ao corpo mental, registro indelével de nosso patrimônio milenar.

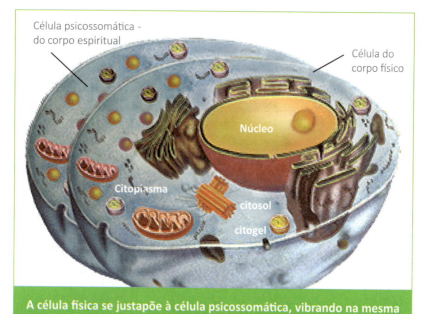

A célula física se justapõe à célula psicossomática, vibrando na mesma sintonia. O citoplasma envolve o núcleo na mesma vibração.

Existe, pois, um código, além do eletroquímico do sistema nervoso ou da química dos hormônios, que é o código vibratório.

Da mesma forma que as ondas de rádio ou de televisão transportam, pelo ar, as informações até nossos aparelhos receptores, o estado vibratório da mente, fazendo vibrar o citoplasma, alcança o núcleo celular, agindo na formação do RNA e, consequentemente, na produção de proteínas.

Lembramos que é o Espírito quem pensa, sente e age e que o pensamento se irradia em forma de ondas de natureza eletromagnéticas ou mento-eletromagnéticas, na linguagem do Espírito André Luiz. Essas ondas se irradiam por todo o nosso organismo biológico, criando um campo eletromagnético em sua volta, correspondente ao chamado corpo etérico.

A vibração de todo o ser corresponde à vibração de cada célula, que, no conjunto, propicia um campo energético com as características e cores da natureza de nosso pensamento. O corpo físico e o corpo espiritual vibram na mesma frequência, que é irradiada do Espírito, através do corpo mental.

Sendo o citoplasma de natureza fluídica, sendo mais sutil perto do núcleo (citosol), estará vibrando na mesma sintonia da célula do corpo espiritual, envolvendo, pois, o núcleo na mesma vibração.

Essa vibração, consequentemente, atinge o núcleo, correspondendo a um código vibratório que, vindo diretamente da mente, tem superioridade a qualquer outro tipo de código (elétrico ou químico).

Este campo eletromagnético é que torna o indivíduo um "todo" regido pela mente. Daí afirmarmos que tudo em nós é fruto da mente e que, consequentemente, **a célula possui uma estrutura mental**.

Fácil concluir daí que a vibração do citoplasma corresponde ao estado mental da célula e que interfere na transcrição do RNA.

O código mental, pois, será interpretado pelo DNA, que produzirá, através de todo o mecanismo que estudamos acima, um código que poderá ser interpretado pelo organismo, como a proteína.

MEMBRANA PLASMÁTICA

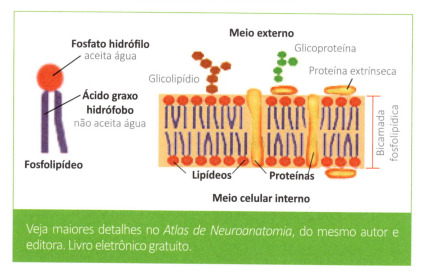

Veja maiores detalhes no *Atlas de Neuroanatomia*, do mesmo autor e editora. Livro eletrônico gratuito.

A membrana plasmática é constituída, principalmente, de fosfolipídeos e proteínas (além de colesterol e açúcares), estabelecendo uma fronteira seletiva entre o meio intracelular e o ambiente extracelular.

Possui duas camadas de lipídeos, uma voltada para o interior da célula, outra para o exterior, com grupos hidrófilos (que têm afinidade com a água) e outro grupo hidrófobo (que não tem afinidade com água ou qualquer líquido). No meio das camadas, encontramos moléculas de proteínas com grande capacidade de movimentação e deslocamento. Possui assim uma permeabilidade seletiva, seleciona quais substâncias podem entrar ou sair da célula.

Seu folheto externo é positivo, e o interno é negativo, existindo um potencial elétrico que pode ser alterado com as vibrações mentais de natureza eletromagnética. Tais vibrações atingem o citoplasma, chegando ao núcleo celular, influenciando o DNA e, consequentemente, todo o mecanismo da produção de proteínas e, portanto, todo o cosmo orgânico.

A ESTRUTURA MENTAL DAS CÉLULAS

A natureza mental da célula é facilmente comprovada por experiências realizadas e que demonstraram que, ao retirar uma célula especializada de seu ambiente natural e mantê-la em soro nutritivo, em ambiente adequado e renovável, onde a célula possa sobreviver, ela continuará viva por muito tempo.

No entanto, depois de algum tempo fora do governo mental que a dirigia, gradualmente ela perderá a especialidade de outrora, tendendo a adquirir a forma de uma ameba.

O Espírito André Luiz nos informa que *"isso ocorre porque as células, quando ajustadas ao ambiente orgânico, demonstram o comportamento natural do operário mobilizado em serviço, **sob as ordens da Inteligência, comunicando-se umas com as outras sob o influxo espiritual que lhes mantém a coesão**, e procedem, no soro, quais amebas em liberdade para satisfazer aos próprios impulsos."*. *(Evolução em Dois Mundos).*

Por esse mesmo princípio, as células-tronco de embriões possuem a capacidade de se transformar em outros tecidos do corpo quando enxertadas no organismo, passando a adquirir a mesma especialidade das células do local onde foi enxertada, sejam nervos, músculos, sangue e até mesmo ossos. É que agora, repetindo André Luiz, *"sob as ordens da Inteligência, comunicam-se umas com as outras sob o influxo espiritual que lhes mantém a coesão."*.

"São os centros vitais fulcros energéticos que, sob a direção automática da alma, imprimem às células a especialização extrema, pela qual o homem possui no corpo denso, e detemos todos no corpo espiritual, em recursos equivalentes (...)" (*Evolução em Dois Mundos*, Espírito André Luiz, Francisco C. Xavier, item 2).

A COMUNICAÇÃO ENTRE AS CÉLULAS

As células comunicam-se entre si não apenas por contato direto, mas também a distância, através de moléculas de sinalização, como os hormônios que circulam na corrente sanguínea. As moléculas sinalizadoras são reconhecidas e recepcionadas através de receptores localizados na membrana celular, no citosol ou no núcleo.

Sabe-se também que proteínas produzidas por determinada célula são enviadas para outras células específicas, com informações mais complexas e que interferem no núcleo da mesma.

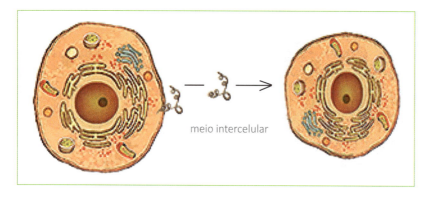

meio intercelular

O maior exemplo dessa comunicação é a homeostase, que envolve a ação de muitos receptores distribuídos nos vários compartimentos orgânicos, que faz do corpo humano um todo, vivo e dinâmico, em plena atividade constante, e não simplesmente uma máquina.

Mas tudo é gerenciado pela mente, através do centro coronário e cerebral que controlam o sistema nervoso e o sistema endócrino, bem como de energias que circulam nos centros vitais, produzindo também determinadas vibrações que atingem todo o organismo.

Assim, além dos meios de comunicação vistos acima, o Espírito comanda o cosmo celular através de vibrações mais ou menos sutis, que impregnam o mar interior formado pelos líquidos intersticiais, linfa e plasma sanguíneo, bem como o citoplasma das células, irradiando pelo citosol, fazendo vibrar o núcleo celular, comunicando-se assim com o próprio DNA, que também responde ao comando mental.

O Espírito André Luiz, em **No Mundo Maior,** fala-nos sobre o cérebro e a mente:

"A mente é a orientadora desse universo microscópico, em que bilhões de corpúsculos e energias multiformes se consagram a seu serviço. Dela emanam as correntes da vontade, determinando vasta rede de estímulos, reagindo ante as exigências da paisagem externa, ou atendendo às sugestões das zonas interiores. Colocada entre o objetivo e o subjetivo, é obrigada pela Divina Lei a aprender, verificar, escolher, repelir, aceitar, recolher, guardar, enriquecer-se, iluminar-se, progredir sempre. Do plano objetivo, recebe-lhe os atritos e as influências da luta direta; da esfera subjetiva, absorve-lhe a inspiração, mais ou menos intensa, das inteligências desencarnadas ou encarnadas que lhe são afins, e os resultados das criações mentais que lhe são peculiares. Ainda que permaneça aparentemente estacionária, a mente prossegue seu caminho, sem recuos, sob a indefectível atuação das forças visíveis ou das invisíveis."

25. PENSAMENTO E EDUCAÇÃO

Muito clara está a imensa importância da educação do pensamento em todos os fenômenos da vida.

Sendo o pensamento energia criadora que se irradia em forma de ondas eletromagnéticas, influenciando o fluido cósmico que está em toda parte, percebemos que a mente está no centro de todos os fenômenos.

Percebemos também, e muito claramente, que, acima dos sistemas fisiológicos, no topo de toda a organização fisiopsicossomática do indivíduo, está o **sistema psíquico,** que corresponde à mente propriamente dita, patrimônio indelével do Espírito imortal, construído estrutura a estrutura, através dos milênios da evolução.

A mente, organizada como um sistema psíquico de amplas funções, atua na aparelhagem fisiológica a partir do centro coronário (tálamo e pineal) e, em conjunto com o centro cerebral (hipotálamo, hipófise e córtex cerebral), orienta todos os demais sistemas e órgãos do corpo físico e psicossomático.

Conforme já vimos, o sistema psíquico é formado por complexa estrutura mental, dinâmica em sua essência, mas em constante transformação, por estar em um processo evolutivo e, portanto, vulnerável, sujeita a desequilíbrios, que podem estar na raiz dos diferentes transtornos mentais e na etiologia da maioria das enfermidades físicas.

Daí a importância da educação do Espírito, que envolve os três aspectos principais da mente: o **cognitivo**, o **afetivo** e o **volitivo**.

O *aspecto cognitivo*, organizado de forma estrutural, como um edifício construído tijolo por tijolo, corresponde ao aspecto quantitativo da energia mental, a quantidade de seus conhecimentos e sua capacidade de realização. Define a capacidade de entendimento e compreensão dos fatos, a sua "maneira de ver" o mundo. Necessita, pois, do conteúdo da "verdade universal", do conhecimento das leis que regem mundos e seres, que amplia as possibilidades do pensamento, melhorando o entendimento e a compreensão de si mesmo, propiciando uma mudança da atitude mental do indivíduo, desbloqueando as amarras mentais que ele próprio criou. "*Conhecereis a verdade, e a verdade vos libertará.*", afirmou Jesus.

O *aspecto afetivo* corresponde à qualidade da energia mental, sentimentos bons ou negativos que influenciam o mundo à sua volta, sua saúde mental e física. O desenvolvimento do sentimento, em especial do sentimento de amor, ampliará consideravelmente o padrão vibratório do indivíduo, levando-o, cada vez mais, a sintonizar-se com as vibrações superiores, que pululam no Universo de Deus, em seu mais elevado sentido.

O *aspecto volitivo* define a intensidade da energia criativa do indivíduo. Representa a força dessa energia ativa, definindo sua direção, intensidade e poder de penetração, poder relacionado com a propriedade de indução da energia mental, mas também a persistência na realização dos objetivos que define para si mesmo.

A educação do Espírito não pode, pois, descuidar de nenhum dos aspectos, pois deles dependem a produção, qualidade e intensidade dessa energia mental e, portanto, da amplitude da própria mente.

SÍNTESE MENTAL

Cada um interpreta a realidade de acordo com as estruturas mentais que já possui. Vivemos o mundo de acordo com o nosso próprio conteúdo mental e nem sempre vemos a realidade como ela é, mas como nossa mente a interpreta.

Como não existe fenômeno isolado na Natureza, um mesmo fenômeno pode estar ligado a diversas áreas do conhecimento.

Observar uma planta em crescimento, o fenômeno da fotossíntese ou uma célula ao microscópio requer conhecimentos integrados de biologia, química, física, matemática, etc.

No entanto, aprendemos matemática, física, química, enfim, todas as chamadas "matérias", de forma isolada, como se tivéssemos "gavetas", em nosso cérebro, para cada matéria, o que dificulta a aprendizagem. Urge alterar nossa metodologia de ensino aprendizagem, levando nossas crianças à real compreensão de um fenômeno e não a receber definições prontas. Analisar um conteúdo em todos os seus aspectos, de forma integrada, e nunca de forma isolada, propiciará a real construção das estruturas mentais, que conduzirão à síntese mental necessária ao processo evolutivo.

A observação dos fenômenos, ver, ouvir, medir, comparar, os fatos novos e o clima emocional atuam fortemente no aspecto volitivo da mente, ou seja, no querer aprender. A mente aprende quando vivencia experiências, compreendendo o significado das coisas e o quanto esse significado está presente em nossa vida.

Os neurotransmissores excitatórios (glutamato, serotonina, etc.) atuam nos organismos conforme nosso estado mental. A emoção, a euforia diante de um conhecimento novo e interessante é fato altamente significativo, quase indispensável, no processo de aprendizagem. Essa euforia, estimulando o estado vibratório da mente, chega aos genes, através da vibração do citoplasma, como vimos, que transcrevem proteínas, criam novas sinapses, abrindo novos caminhos para a aprendizagem.

Isso requer uma profunda mudança em nosso sistema educacional, tanto na metodologia quanto na estrutura física, em que cada sala de aula deverá ser um laboratório e uma oficina de aprendizagem. A verdadeira inteligência é sabedoria, é capacidade de realização e, principalmente, capacidade de perceber o essencial, os reais valores da alma. A verdadeira educação nos ajuda a descobrir valores perenes, para não nos apegarmos a fórmulas, repetir slogans pré-fabricados e pensar dentro de uma rotina criada por interesses escusos.

A educação está intimamente ligada a esse caos universal que vemos atualmente, não apenas no sentido econômico, que parece ser a principal preocupação das nações, mas, acima de tudo, no aspecto moral e ético, que se reflete nos múltiplos transtornos mentais e, não raras vezes, nos desequilíbrios fisiológicos que causam as enfermidades.

O educador sincero deve perguntar, a si mesmo, como despertar a inteligência e o sentimento do estudante para que as gerações futuras não produzam os mesmos conflitos e desastres.

Como criar um ambiente adequado ao desenvolvimento da inteligência, mas também do amor e da bondade, para que a criança, atingindo a madureza, seja capaz de atender aos graves problemas que a vida lhe oferecer? E, com certeza, vai oferecer problemas gravíssimos, como herança das gerações anteriores.

A educação atual não favorece a compreensão das tendências internas e das influências ambientais que condicionam a mente e o coração. Não oferece meios de romper esses condicionamentos para realmente "produzir" o homem integral e integrado no todo universal.

Somente a educação, no seu aspecto amplo e espiritual, ajuda-nos a compreender o significado da vida e, principalmente, a conhecer a si mesmo.

Isso propiciará, ao homem, a **síntese mental** necessária ao ingresso em novo patamar evolutivo e o desenvolvimento do **pensamento intuitivo,** que lhe permitirá entrar em sintonia com a mente cósmica.

No entanto, a vibração mental, que atingirá o pensamento cósmico, depende não apenas do aspecto cognitivo do pensamento, mas também do aspecto afetivo e volitivo, ou seja, da intensidade e da capacidade de amar seus semelhantes.

As vibrações de natureza inferior apenas manterão conexões com seus semelhantes, em regiões inferiores.

Os pensamentos de natureza elevada, onde intelecto, sentimento e vontade estão isentos de egoísmo e orgulho, e vibram em clima de igualdade, liberdade e fraternidade, desejando ao próximo o que gostaria para si mesmo, ou seja, quando o pensamento está envolvido em intensas vibrações de amor, então esse pensamento irradiado, em forma de ondas eletromagnéticas, alcançará os elevados padrões, que permitem sintonizar com a mente cósmica que pulula em todo o Universo de Deus.

Mas isso será assunto para novos estudos, que publicaremos oportunamente, se o Senhor da Vida nos permitir.

ção, a euforia diante de um conhecimento novo e interessante é fato altamente significativo, quase indispensável, no processo de aprendizagem. Essa euforia, estimulando o estado vibratório da mente, chega aos genes, através da vibração do citoplasma, como vimos, que transcrevem proteínas, criam novas sinapses, abrindo novos caminhos para a aprendizagem.

Isso requer uma profunda mudança em nosso sistema educacional, tanto na metodologia quanto na estrutura física, em que cada sala de aula deverá ser um laboratório e uma oficina de aprendizagem.

A verdadeira inteligência é sabedoria, é capacidade de realização e, principalmente, capacidade de perceber o essencial, os reais valores da alma. A verdadeira educação nos ajuda a descobrir valores perenes, para não nos apegarmos a fórmulas, repetir slogans pré-fabricados e pensar dentro de uma rotina criada por interesses escusos.

A educação está intimamente ligada a esse caos universal que vemos atualmente, não apenas no sentido econômico, que parece ser a principal preocupação das nações, mas, acima de tudo, no aspecto moral e ético, que se reflete nos múltiplos transtornos mentais e, não raras vezes, nos desequilíbrios fisiológicos que causam as enfermidades.

O educador sincero deve perguntar, a si mesmo, como despertar a inteligência e o sentimento do estudante para que as gerações futuras não produzam os mesmos conflitos e desastres.

Como criar um ambiente adequado ao desenvolvimento da inteligência, mas também do amor e da bondade, para que a criança, atingindo a madureza, seja capaz de atender aos graves problemas que a vida lhe oferecer? E, com certeza, vai oferecer problemas gravíssimos, como herança das gerações anteriores.

A educação atual não favorece a compreensão das tendências internas e das influências ambientais que condicionam a mente e o coração. Não oferece meios de romper esses condicionamentos para realmente "produzir" o homem integral e integrado no todo universal.

Somente a educação, no seu aspecto amplo e espiritual, ajuda-nos a compreender o significado da vida e, principalmente, a conhecer a si mesmo.

Isso propiciará, ao homem, a **síntese mental** necessária ao ingresso em novo patamar evolutivo e o desenvolvimento do **pensamento intuitivo,** que lhe permitirá entrar em sintonia com a mente cósmica.

No entanto, a vibração mental, que atingirá o pensamento cósmico, depende não apenas do aspecto cognitivo do pensamento, mas também do aspecto afetivo e volitivo, ou seja, da intensidade e da capacidade de amar seus semelhantes.

As vibrações de natureza inferior apenas manterão conexões com seus semelhantes, em regiões inferiores.

Os pensamentos de natureza elevada, onde intelecto, sentimento e vontade estão isentos de egoísmo e orgulho, e vibram em clima de igualdade, liberdade e fraternidade, desejando ao próximo o que gostaria para si mesmo, ou seja, quando o pensamento está envolvido em intensas vibrações de amor, então esse pensamento irradiado, em forma de ondas eletromagnéticas, alcançará os elevados padrões, que permitem sintonizar com a mente cósmica que pulula em todo o Universo de Deus.

Mas isso será assunto para novos estudos, que publicaremos oportunamente, se o Senhor da Vida nos permitir.

BIBLIOGRAFIA E OBRAS PARA CONSULTA

Allan Kardec:
O Livro dos Espíritos - Allan Kardec- Ed. IDE
A Gênese- Allan Kardec- Ed. IDE
O Livro dos Médiuns- Allan Kardec- Ed. IDE
O Evangelho Segundo o Espiritismo- Allan Kardec- Ed. IDE

André Luiz:
Evolução em Dois Mundos- André Luiz, F. C. Xavier- Ed. FEB
Mecanismos da Mediunidade- André Luiz, F. C. Xavier- Ed. FEB
No Mundo Maior- André Luiz, F. C. Xavier- Ed. FEB
Missionários da Luz - André Luiz, F. C. Xavier- Ed. FEB
Entre a Terra e o Céu- André Luiz, F. C. Xavier- Ed. FEB
Nosso Lar, André Luiz, F. C. Xavier- Ed. FEB

Heigorina Cunha:
Cidade no Além - Heigorina Cunha- IDE

Emmanuel
Pensamento e Vida - Emmanuel- F. C. Xavier- Ed. FEB

Walter Oliveira Alves
Educação do Espírito- Walter O. Alves- Ed. IDE
Introdução ao Estudo da Pedag. Espírita - Walter O. Alves- Ed. IDE
Pestalozzi um Romance Pedagógico- Walter O. Alves- Ed.IDE

Jean Piaget:
Psicologia da Inteligência - Jean Piaget- Ed. Vozes
A Construção do Real na Criança- Jean Piaget- Ed. Zahar
O Nascimento da Inteligência- Jean Piaget- Mundo da Leitura

E outras:
A Formação Social da Mente - L.S.Vygotsky- Ed. Martins Fontes
A Origem das Espécies - Charles Darwin- Ed. Melhoramentos
Neuroanatomia Funcional- Angelo Machado- Ed. Atheneu
Neuroanatomia Funcional - Adel K. Afifi e outro- Ed. Roca
Atlas de Anatomia Humana - Frank H. Netter- Ed. Elsevier
Atlas de Anatomia Humana- Frank H. Netter- Ed. ARTMED
Neuroanatomia - Eros A. Erhart- Ed. Atheneu
Elementos de Anatomia Humana- Eros A. Erhart- Atheneu
Anatomia Humana Básica - Dangelo e Fattini- Ed. Atheneu
Anatomia Humana Sistêmica e Segmentar- Dangelo e Fattini- Ed. Atheneu
Anatomia Humana- Chihiro Yokochi e outro- Ed. Manole
Neurociência Fundamental - Duane E. Haines- Ed. Elsevier
Netter Atlas de Neurociência- David L. Felten- Ed. Elsevier
Netter Neuroanatomia Essencial - Michael Rubin- Ed. Elsevier
Fundamentos de Genética e Evolução- Carvalho- Ed. Atheneu
Histologia Básica - Junqueira & Carneiro- Ed. Gen
Biologia Celular- Roberto I. Norman- Ed. Elsevier
The Human Body- Book & DVD- Steve Parker- Ed. DK
Muito Além dos Neurônios- Nubor Facure- Ed. Fé
O Cérebro e a Mente- Nubor Facure- Ed. Fé

Consulte o *ATLAS DE NEUROANATOMIA*, através do site da editora: www.ideeditora.com.br
A editora autoriza a utilização das figuras para uso educacional e gratuito, desde que a fonte seja citada.

Download gratuito

BIBLIOGRAFIA E OBRAS PARA CONSULTA

Allan Kardec:
O Livro dos Espíritos - Allan Kardec - Ed. IDE
A Gênese - Allan Kardec - Ed. IDE
O Livro dos Médiuns - Allan Kardec - Ed. IDE
O Evangelho Segundo o Espiritismo - Allan Kardec - Ed. IDE

André Luiz:
Evolução em Dois Mundos - André Luiz, F. C. Xavier - Ed. FEB
Mecanismos da Mediunidade - André Luiz, F. C. Xavier - Ed. FEB
No Mundo Maior - André Luiz, F. C. Xavier - Ed. FEB
Missionários da Luz - André Luiz, F. C. Xavier - Ed. FEB
Entre a Terra e o Céu - André Luiz, F. C. Xavier - Ed. FEB
Nosso Lar, André Luiz, F. C. Xavier - Ed. FEB

Heigorina Cunha:
Cidade no Além - Heigorina Cunha - IDE

Emmanuel
Pensamento e Vida - Emmanuel - F. C. Xavier - Ed. FEB

Walter Oliveira Alves
Educação do Espírito - Walter O. Alves - Ed. IDE
Introdução ao Estudo da Pedag. Espírita - Walter O. Alves - Ed. IDE
Pestalozzi um Romance Pedagógico - Walter O. Alves - Ed.IDE

Jean Piaget:
Psicologia da Inteligência - Jean Piaget - Ed. Vozes
A Construção do Real na Criança - Jean Piaget - Ed. Zahar
O Nascimento da Inteligência - Jean Piaget - Mundo da Leitura

E outras:

A Formação Social da Mente - L.S.Vygotsky- Ed. Martins Fontes
A Origem das Espécies - Charles Darwin- Ed. Melhoramentos
Neuroanatomia Funcional- Angelo Machado- Ed. Atheneu
Neuroanatomia Funcional - Adel K. Afifi e outro- Ed. Roca
Atlas de Anatomia Humana - Frank H. Netter- Ed. Elsevier
Atlas de Anatomia Humana- Frank H. Netter- Ed. ARTMED
Neuroanatomia - Eros A. Erhart- Ed. Atheneu
Elementos de Anatomia Humana- Eros A. Erhart- Atheneu
Anatomia Humana Básica - Dangelo e Fattini- Ed. Atheneu
Anatomia Humana Sistêmica e Segmentar- Dangelo e Fattini- Ed. Atheneu
Anatomia Humana- Chihiro Yokochi e outro- Ed. Manole
Neurociência Fundamental - Duane E. Haines- Ed. Elsevier
Netter Atlas de Neurociência- David L. Felten- Ed. Elsevier
Netter Neuroanatomia Essencial - Michael Rubin- Ed. Elsevier
Fundamentos de Genética e Evolução- Carvalho- Ed. Atheneu
Histologia Básica - Junqueira & Carneiro- Ed. Gen
Biologia Celular- Roberto I. Norman- Ed. Elsevier
The Human Body- Book & DVD- Steve Parker- Ed. DK
Muito Além dos Neurônios- Nubor Facure- Ed. Fé
O Cérebro e a Mente- Nubor Facure- Ed. Fé

Consulte o *ATLAS DE NEUROANATOMIA*, através do site da editora: www.ideeditora.com.br
A editora autoriza a utilização das figuras para uso educacional e gratuito, desde que a fonte seja citada.

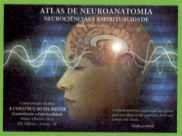

Download gratuito

No ano de 1963, Francisco Cândido Xavier ofereceu, a um grupo de voluntários, o entusiasmo e a tarefa de fundarem um Anuário Espírita. Nascia, então, o Instituto de Difusão Espírita - IDE, cujo nome e sigla foram também sugeridos por ele.

A partir daí, muitos títulos foram sendo editados, e o Instituto de Difusão Espírita, entidade assistencial sem fins lucrativos, mantém-se fiel à sua finalidade de divulgar a Doutrina Espírita através da IDE Editora, tendo como foco principal as Obras Básicas da Codificação, sempre a preços populares, além dos seus mais de 300 títulos em português e espanhol, muitos psicografados por Chico Xavier.

O Instituto de Difusão Espírita conta também com outras frentes de trabalho, voltadas à assistência e promoção social, como albergue noturno, acolhimento de migrantes, itinerantes, pessoas em situação de rua, acolhimento e fortalecimento de vínculos para mães e crianças, oficinas de gestantes, confecção de enxovais para recém-nascidos, fraldas descartáveis infantis e geriátricas, assistência à saúde e auxílio com cestas básicas, leite em pó, leite longa vida, para as famílias em situação de vulnerabilidade social, além dos trabalhos de evangelização infantil, mocidade espírita, artes (teatro, música, dança, artes plásticas e literatura), cursos doutrinários e passes.

Este e outros livros da IDE Editora subsidiam a manutenção do baixíssimo preço das Obras Básicas, de Allan Kardec, mais notadamente, "O Evangelho Segundo o Espiritismo", edição econômica.

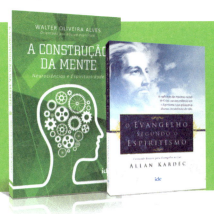

OUTAS OBRAS DO AUTOR ▶ WALTER OLIVEIRA ALVES

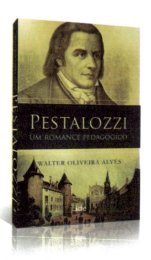

Pestalozzi

Contando com o auxílio de uma equipe espiritual, bem como de pesquisas realizadas na França e na Suíça, o autor descreve, de forma romanceada, as lutas do Iluminismo, a perseguição sofrida por Rousseau e a trajetória iluminada de Pestalozzi, desde o seu nascimento em Zurique, a escola de Neuhof, o orfanato/escola de Stans, a escola de Burgdorf e a fabulosa escola de Yverdon, inclusive os anos em que lá estudou Hippolyte Léon Denizard Rivail, nosso Allan Kardec.

Em meio ao romance, transparecem as ideias de Pestalozzi transcritas em suas principais obras, bem como o conhecido, mas mal compreendido, Método Intuitivo.

A história culmina com as atividades de Pestalozzi, Eurípedes Barsanulfo e tantos outros missionários, no mundo espiritual, em prol do movimento da educação do Espírito.

Obra indispensável a todos os que reconhecem a missão educativa da Doutrina Espírita.

Prática Pedagógica na Evangelização I

Dando continuidade à obra "EDUCAÇÃO DO ESPÍRITO", o autor vem nos brindar com mais um volume que, a exemplo do anterior, oferece conhecimentos pedagógicos indispensáveis ao evangelizador do 3º milênio.

Totalmente didático, com mais de 100 ilustrações e planos de aula, aprovados na prática por diversos evangelizadores, certamente trará enorme facilidade para aqueles que se dedicam ou pretendem dedicar-se a essa nobre tarefa da Evangelização Espírita Infanto-Juvenil.

www.ideeditora.com.br

OUTRAS OBRAS DO AUTOR ▶ WALTER OLIVEIRA ALVES

 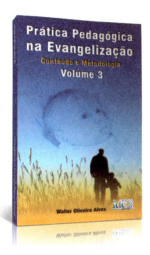

Prática Pedagógica na Evangelização II

Esta obra destina-se aos educadores e evangelizadores espíritas que vêem na criança e no jovem um ser que pensa, sente e age, procurando utilizar atividades dinâmicas, onde a criança e o jovem são participantes ativos no próprio processo de educação, desenvolvendo suas potencialidades interiores e respondendo às questões básicas de sua existência: quem sou, de onde vim, onde estou e para onde vou.

Dando continuidade ao primeiro volume, esta obra trabalha com a segunda parte de *O Livro dos Espíritos*, oferecendo ainda vasta bibliografia e obras para consulta, dentro do conteúdo básico.

Prática Pedagógica na Evangelização III

Neste volume 3 oferecemos sugestões para se trabalhar a terceira e a quarta parte de *O Livro dos Espíritos:* Leis Morais e Esperanças e Consolações.

Partimos do princípio de que o conteúdo básico da Evangelização ou da Educação do Espírito é a própria Doutrina Espírita, em seu tríplice aspecto: ciência, filosofia e religião, que são inseparáveis, sendo que o aspecto religioso ou moral está totalmente dentro dos princípios ensinados e vividos por Jesus, conforme nos ensina Kardec: "essa moral não é outra senão a do Evangelho".

Estamos oferecendo às nossas crianças o que existe de mais puro e de mais seguro na Doutrina Espírita, ao mesmo tempo em que nos permite avançar por toda a imensa literatura espírita, sabendo distinguir o que realmente está dentro dos princípios da Doutrina.

www.ideeditora.com.br

IDEEDITORA.COM.BR

Acesse e cadastre-se para receber informações sobre nossos lançamentos.

TWITTER.COM/IDEEDITORA
FACEBOOK.COM/IDE.EDITORA
EDITORIAL@IDEEDITORA.COM.BR

IDE Editora é apenas um nome fantasia utilizado pelo INSTITUTO DE DIFUSÃO ESPÍRITA, entidade sem fins lucrativos, que promove extenso programa de assistência social, e que detém os direitos autorais desta obra.